ひと目でわかる

日韓・日中 歴史の真実

水間政憲
Masanori Mizuma

PHP

ラダ・ビノード・パール国際極東軍事裁判所インド代表判事は、日本人が「多数派判決」（日本罪悪史観）によって無意識にすり込まれる悪影響を危惧して、自身の判決文に、捏造《ねつぞう》された歴史認識を解き放つ言葉を残してくれていました。

時が熱狂と偏見をやわらげたあかつきには、
また理性が、虚偽からその仮面を剥ぎとったあかつきには、
そのときこそ、正義の女神は、
その秤を平衡に保ちながら、
過去の賞罰の多くに、
そのところを変えることを要求するであろう。

（「パール判決文」より）

はじめに

私たち日本人が自信を無くした要因に、戦後、日本列島を覆い尽くしてきた「日本罪悪史観」が大きく影響しています。連合国最高司令部に押し付けられた憲法の前文に、「平和を愛する諸国民の公正と信義に信頼して、われらの安全と生存を保持しようと決意した」とあります。

現在、我が国固有の領土である竹島を不法占拠している韓国、そして尖閣諸島を強奪しようとしている中国に、「公正と信義」を寄せられる国民は、いまやほとんどいないでしょう。

憲法と同じように押し付けられた「歴史認識」は、人生観の主要部分を形成しており、それを自己否定することは、なかなか出来るものではありません。

そこで本書では、皆様方が自ら観て判断していただけるように、一次史料を提示しました。

これらの史料が日本列島の隅々まで行き渡り、個々人が誇りを取り戻したとき、我が国が力強く復興することを願ってやみません。

近現代史研究家　水間政憲

目次

ひと目でわかる日韓・日中 歴史の真実

慰安婦問題、動かぬ証拠

尖閣諸島 動かぬ証拠「中国」

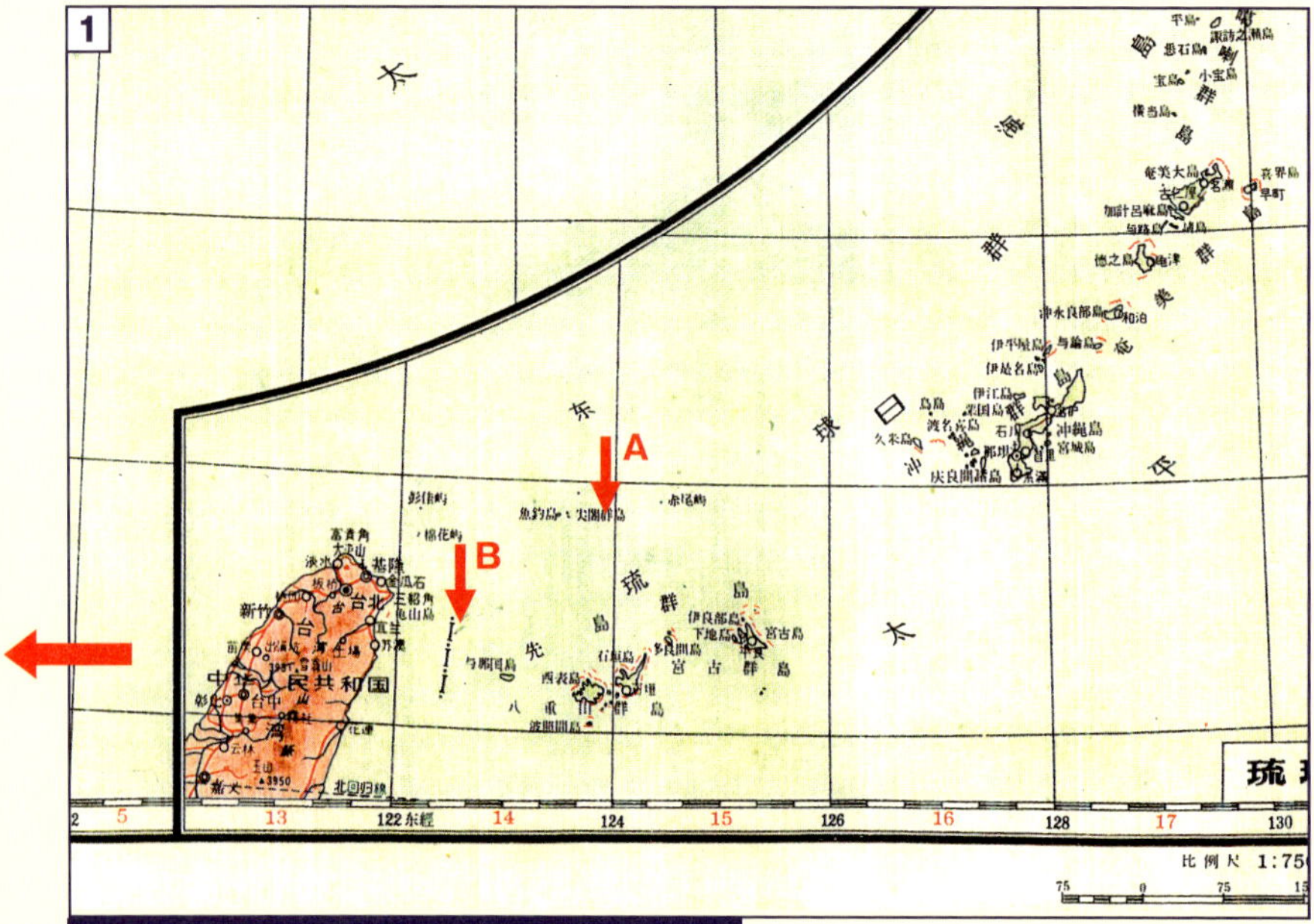

『世界地図集』（1960年4月第1版、北京市地図出版社発行）

中国は自国の地図に尖閣諸島を日本の領土と記していた

最近、中国は、尖閣諸島を「中国の核心的利益」と公言するまでになりました。

そもそも尖閣諸島は、李登輝元台湾総統が「歴史的に日本の領土」と断言している通りなのです。

中国は、一九六八年、アジア極東経済委員会（ＥＣＡＦＥ）が尖閣諸島周辺海域の海底を調査し、ペルシャ湾級の石油・天然ガスが埋蔵されている可能性を指摘するまで、一度も尖閣諸島の領有権を主張したことはありませんでした。

そこで、中国が領有権を主張するために始めたことは、過去に中

『大清帝國全図』（1905年6月15日初版、上海商務印書館発行）

上空から見た尖閣諸島

『中国歴史地図集』（1987年4月、地図出版社発行）

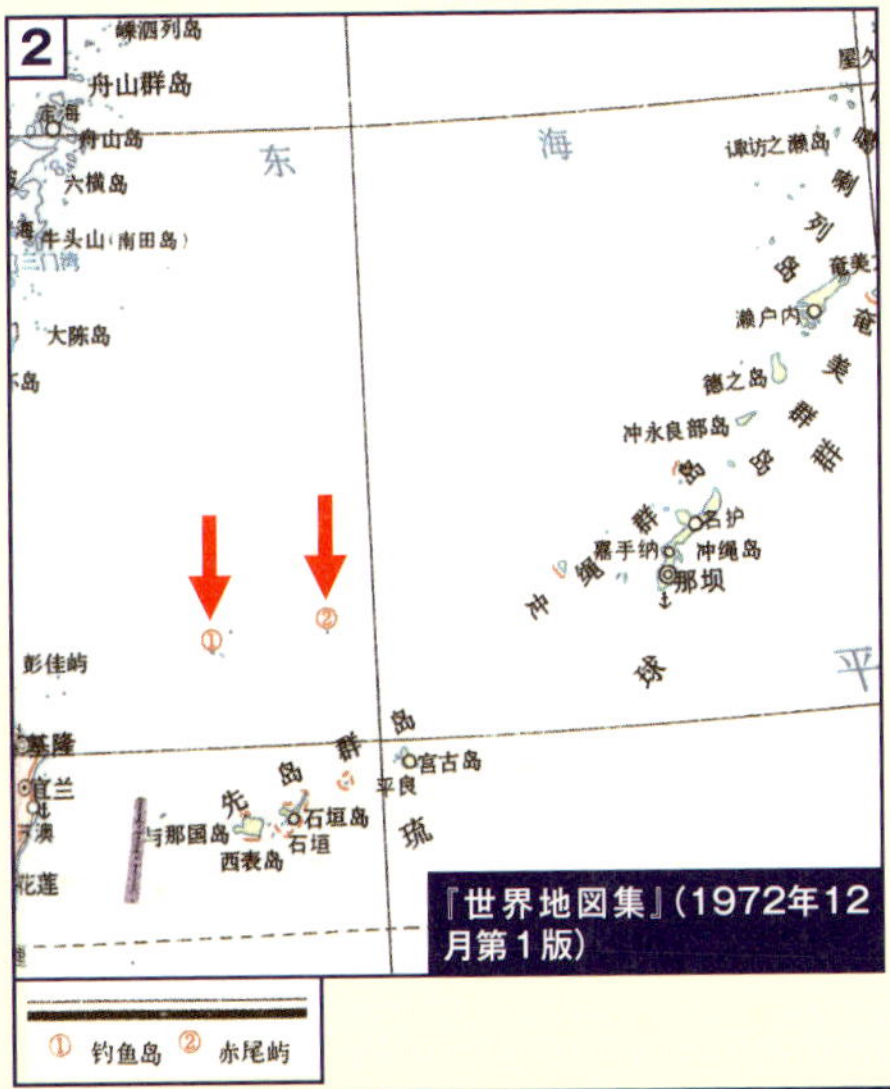

『世界地図集』（1972年12月第1版）

国が「尖閣諸島・魚釣島」と日本名で表記して発行していた都合の悪い地図を焚書することでした（図1参照　国境線も、台湾と与那国島の中間に引かれています）。

図1と同じ出版社が一九七二年に発行した地図（図2）では、「釣魚島・赤尾礁」などと中国名表記に変更し、国境線も中間線を無視しています。

清時代の一九〇五年の地図（図3）では、「尖閣諸島」を中国の領土と記していないにもかかわらず、一九八七年に中国で発行した『中国歴史地図集』（図4）では「（福建）」と記して、清時代から福建の行政区だったように見せかけています。

尖閣諸島 動かぬ証拠「台湾」

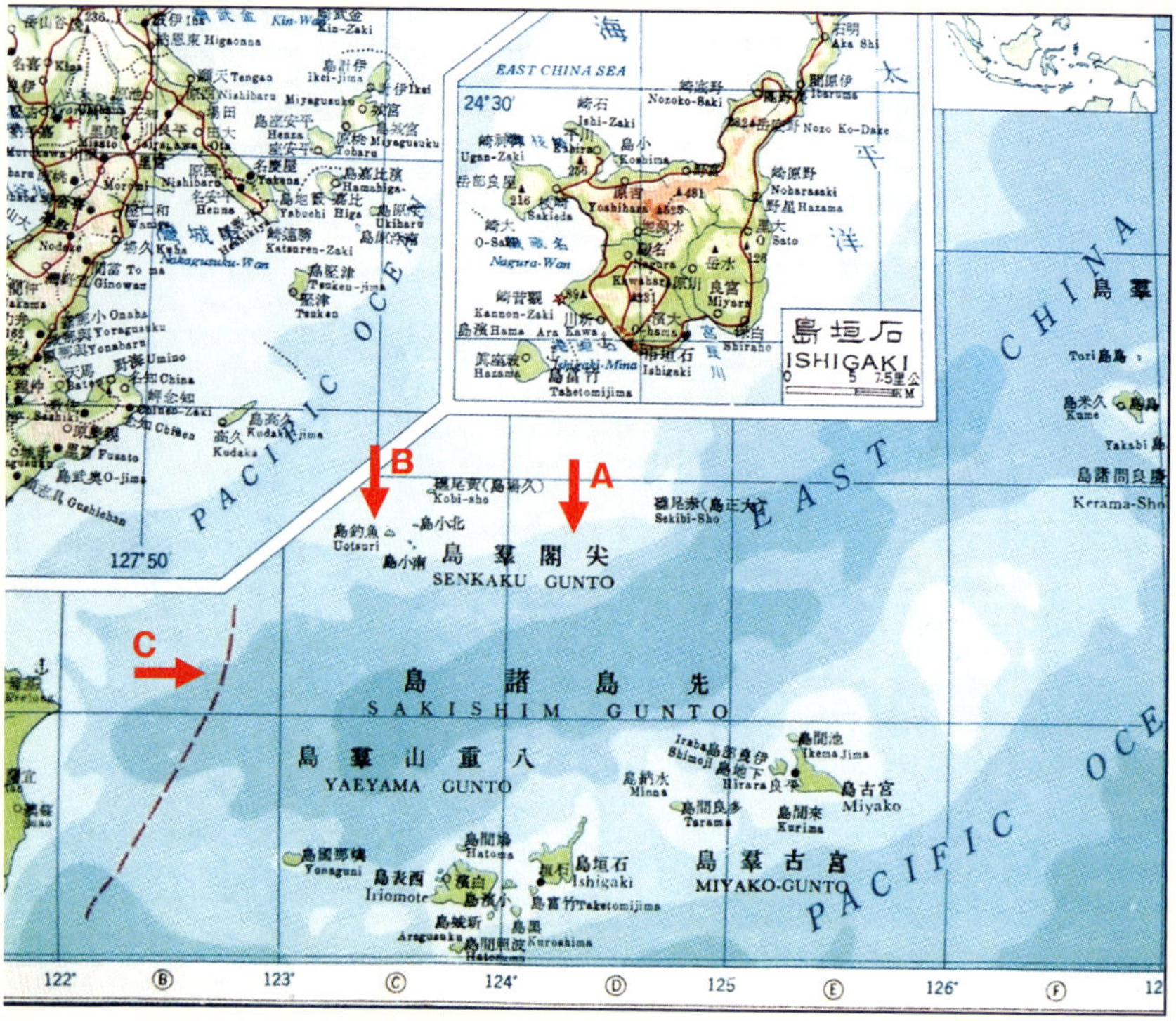

台湾の地図も尖閣諸島を日本の領土と記していた

台湾が尖閣諸島の領有権を主張し始めたのは、日米沖縄返還交渉の過程で、当時の佐藤栄作首相が、米国側から申し入れられた「尖閣諸島周辺海域の石油資源共同開発」を蹴ったことに起因しています。

その後、米国石油メジャーは、台湾政府を説得して「尖閣諸島周辺海域の採掘権」を取得しています。佐藤首相が同海域の「日米共同開発」を受け入れていれば、尖閣問題は存在しなかったでしょう。

台湾の場合、戦争になったときの基準地図としても使用できる

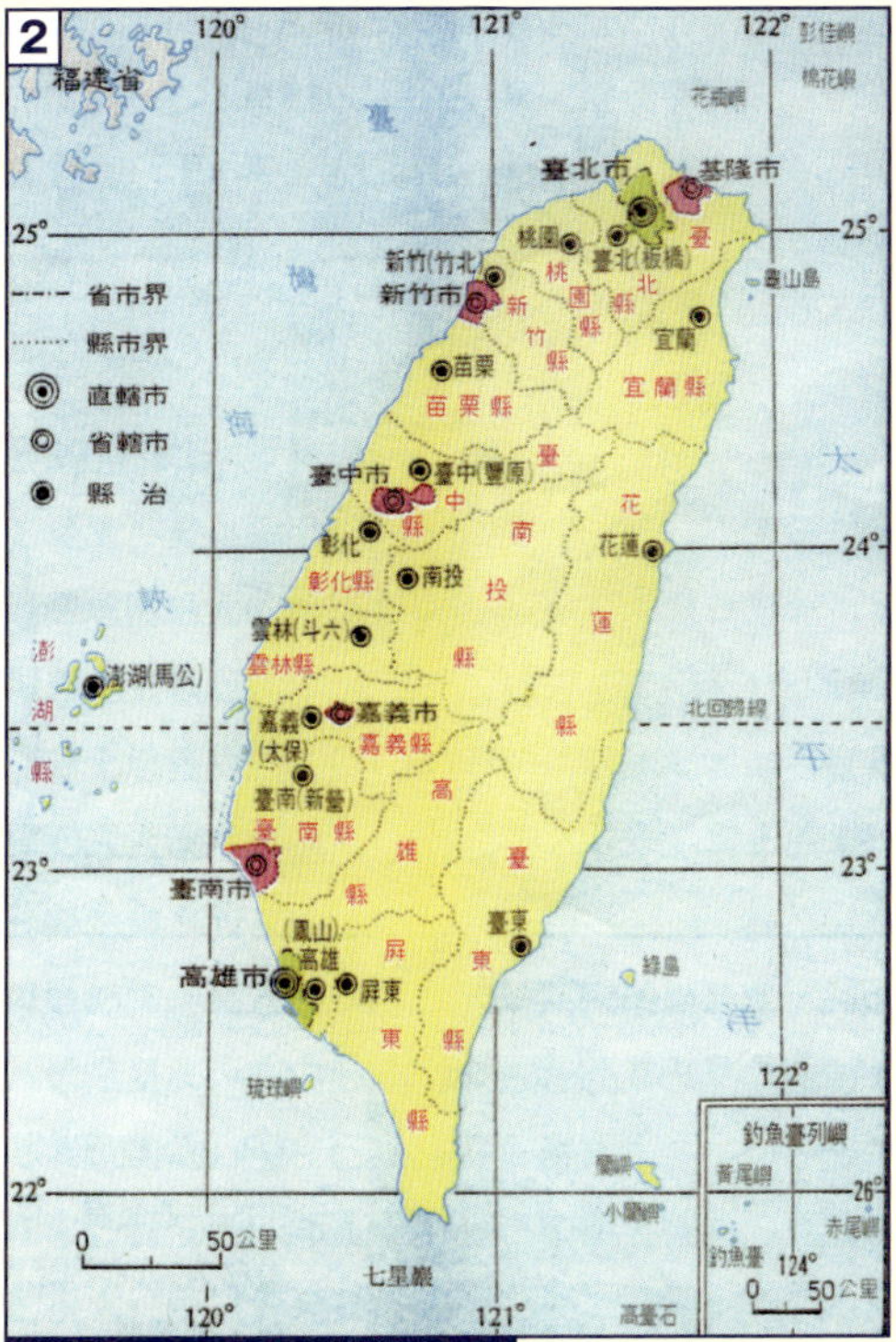

『国民中学 地理』(1987年7月発行)

『世界地図集　第一冊 東亜諸国』(1965年、国防研究院・中国地学研究所発行)表紙

『世界地図集』(図1、一九六五年発行)を、国防研究院と中国地学研究所が作成しています。その地図では、日本名の「尖閣」と表記しているだけでなく、台湾と与那国島の中間線も台湾側に弧を描いて記されており、尖閣諸島は完璧に日本の領土と認識していました。

ところが、一九八七年発行の『国民中学　地理』教科書(図2)で確認すると、一九六七年発行の教科書に記されていなかった尖閣諸島を、台湾側の呼称の「釣魚臺列嶼」と表記しています。

いずれにしても中国と台湾には、尖閣諸島の領有権を示す国際的に通用する歴史的な資料は何もないのです。

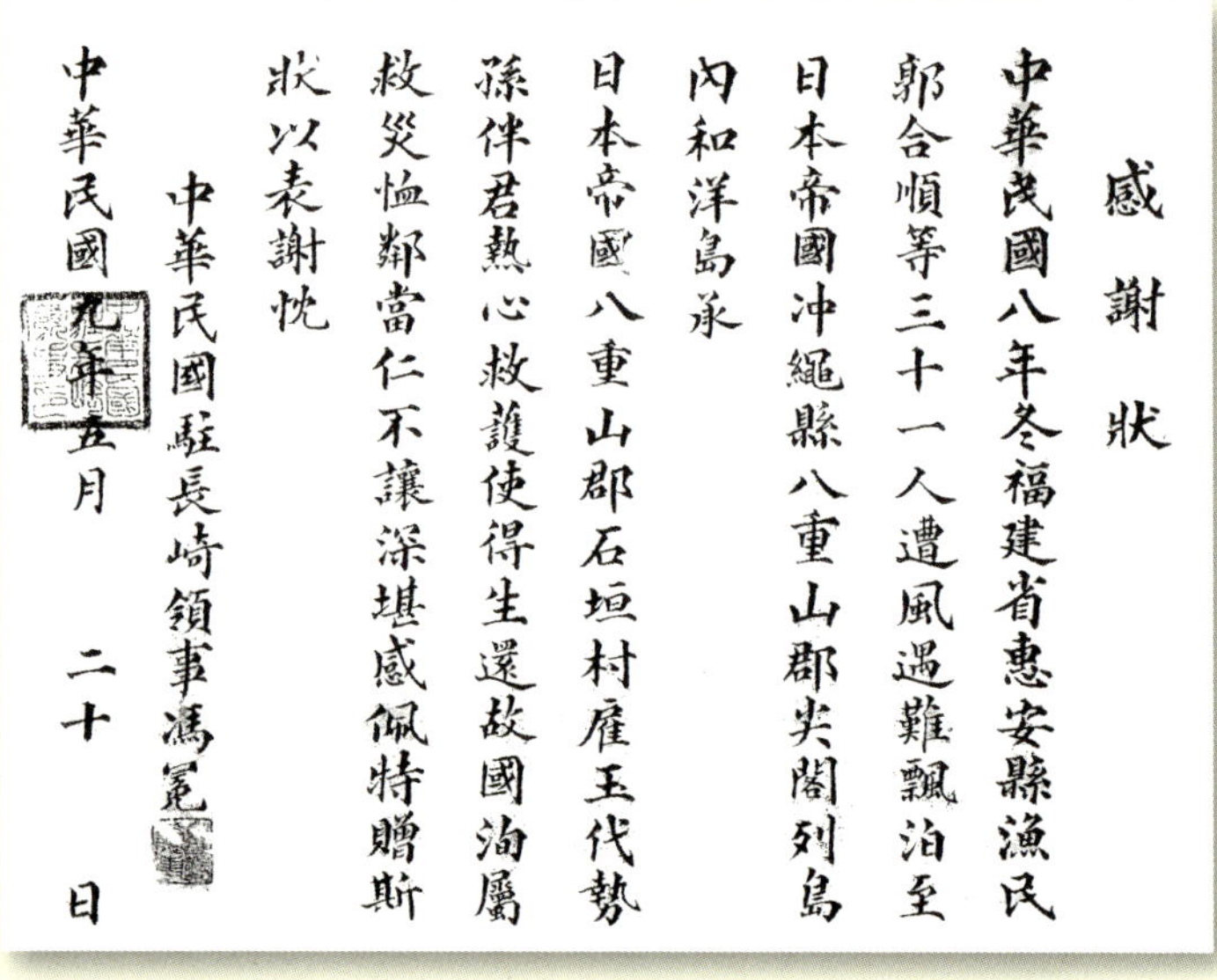
感謝狀
中華民國八年冬福建省惠安縣漁民
郭合順等三十一人遭風遇難飄泊至
日本帝國沖繩縣八重山郡尖閣列島
內和洋島承
日本帝國八重山郡石垣村雇玉代勢
孫伴君熱心救護使得生還故國洵屬
救災恤鄰當仁不讓深堪感佩特贈斯
狀以表謝忱
中華民國駐長崎領事馮冕
中華民國九年五月二十日

尖閣諸島を日本領と記載した中華民国からの感謝状

感謝状

「中華民国八年（大正八年）の冬に、福建省・恵安県の漁民郭合順ら三一人が海上で暴風の難に遭って漂流し、日本帝国沖縄県八重山郡　尖閣列島内の和洋島（魚釣島の別称）に漂着した。その際、八重山郡石垣村役所の玉代勢孫伴君らが、熱心に救護に当たってくれて、遭難漁民らを故国に生還せしめるまで世話をしてくれたことに深く感謝し、ここにこの感謝状を贈る」

中華民国長崎領事　馮　冕印

中華民国九年（大正九年）五月二十日

翻訳文

中国と台湾が継承した中華民国の行政区には、尖閣諸島が含まれていなかったことを示す動かぬ証拠が、一九二〇年（大正九年）に発行していたこの感謝状です。一八九五年（明治二十八年）、日本政府が尖閣諸島が無主の地であることを確認し、日本の領土に編入したことを中華民国も承認していた事実を表しています。当時の魚釣島でカツオ節工場を経営していた地権者の古賀善次氏と、石垣村長豊川善左氏を含め四名に送られたものです。

尖閣諸島問題のこれからの展望

そもそも尖閣問題は、「日中国交正常化」（一九七二年）を実現し、歴史に名前を残す功名心にかられた田中角栄元首相が、尖閣諸島に関する中国の理不尽な主張を先送りにしたことによります。

一九六八年から始めた尖閣諸島海域の調査結果は、石油の推定埋蔵量一〇九五億バレル（当時、日本の消費量の約六十年分にあたる量）でした。

二〇〇九年度の日本の年間石油消費量一六億六〇〇〇万バレルを、一バレル＝一〇〇ドル（一ドル＝八〇円）で換算すると、八七六兆円（六十七年分）になります。この金額は、我が国の国債発行残高とほぼ同じですので、採掘を開始すれば、消費税や福祉費の問題などすべて解決できるのです。

中国と台湾で発行した地図（図1）は、我が国で中国人が自由に出入りできない場所に、一冊だけ残っていたものを、筆者が見つけ出したものです。中国人は

ポケットに数百万円をねじ込んで神田神保町などを徘徊して「都合の悪い尖閣地図」を買い漁り、焚書《ふんしょ》を繰り返していたのです。そこで本書を、皆様方のお知り合いの医院や喫茶店のブックスタンドに置いていただき、尖閣諸島の「実効支配」を確実なものにしていただければ、と切にお願いする次第です。

「実効支配」を国際的にも確実にするには、外国人の友人にもフェイスブックなどでこれらの情報を提供してあげてください。また、海外での中国の尖閣領有権主張を潰す一言として「尖閣海域に海底石油資源が確認された後の一九七一年十二月まで、中国は歴史上一度も尖閣の領有権を主張したことはなく、日清戦争は全く関係ありません。一九五三年一月八日の『人民日報』でも、尖閣は日本領と認めていました」ということを、外国人から尖閣の領有権を質問されたときに説明してあげましょう。

竹島は日本の領土：動かぬ証拠

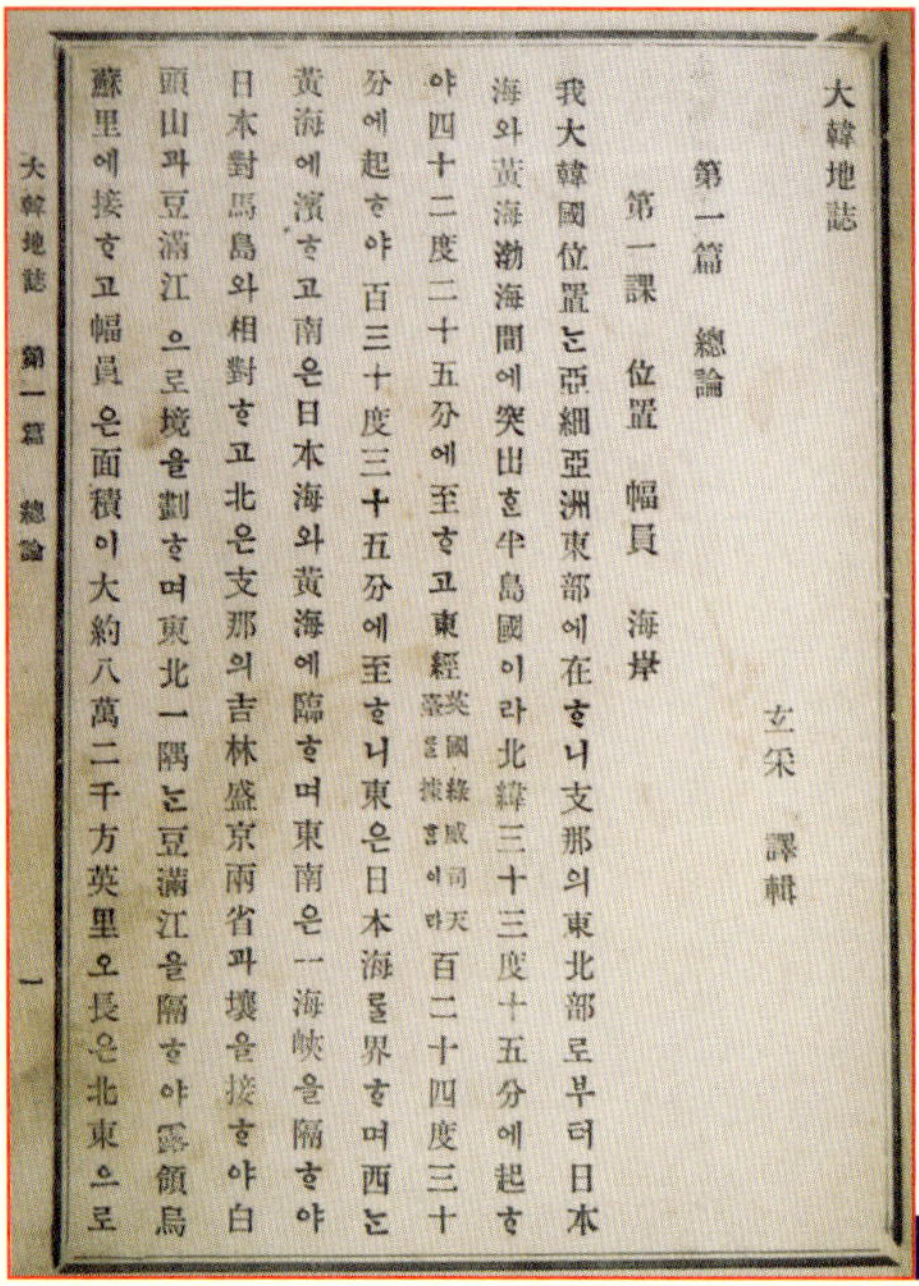

大韓地誌

第一篇　總論

第一課　位置　幅員　海岸

玄采　課輯

我大韓國位置는亞細亞洲東部에在ᄒᆞ니支那의東北部로부터日本海와黃海渤海間에突出ᄒᆞᆫ半島國이라北緯三十三度十五分에起ᄒᆞ야四十二度二十五分에至ᄒᆞ고東經(英國綠威司天臺를據홈이라)百二十四度三十分에起ᄒᆞ야百三十度三十五分에至ᄒᆞ니東은日本海로界ᄒᆞ며西는黃海에濱ᄒᆞ고南은日本海와黃海에臨ᄒᆞ며東南은一海峽을隔ᄒᆞ야日本對馬島와相對ᄒᆞ고北은支那의吉林盛京兩省과壤을接ᄒᆞ야白頭山과豆滿江으로境을劃ᄒᆞ며東北一隅는豆滿江을隔ᄒᆞ야露領烏蘇里에接ᄒᆞ고幅員은面積이大約八萬二千方英里오長은北東으로

大韓地誌　第一篇　總論　一

『大韓地誌』「第一篇　総論」

『大韓地誌』（1899年、玄采監修）表紙

韓国の教科書『大韓地誌』でも竹島は日本の領土だった

竹島は、国際法の「無主地先占」の原則に従って、一九〇五年に閣議決定を行い、島根県に編入されていました。

金大中元大統領は「日露戦争当時の我が国は事実上、日本の支配下にあり反論できなかった」と二〇〇五年五月二十三日、東京大学主催のシンポジウムで述べました。

しかし、日露戦争（一九〇四年）以前に発行していた教科書『大韓地誌』には、見ての通り大韓民国の東端を東経一三〇度三五分と記しており、竹島（東経一三一度五二分）は含まれていなかったのです。

最近、韓国は「日本海と東海の併記」を目論んで国際的にロビー活動をしていますが、同教科書を見ると、「日本海」と単独で表記していました。

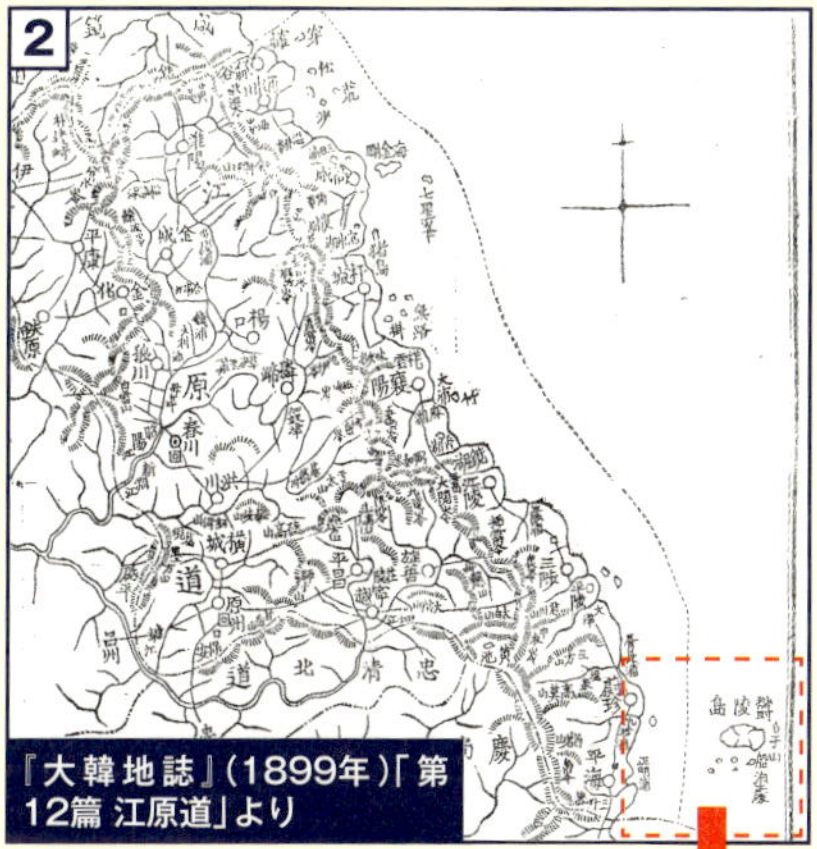

『大韓地誌』（1899年）「第12篇 江原道」より

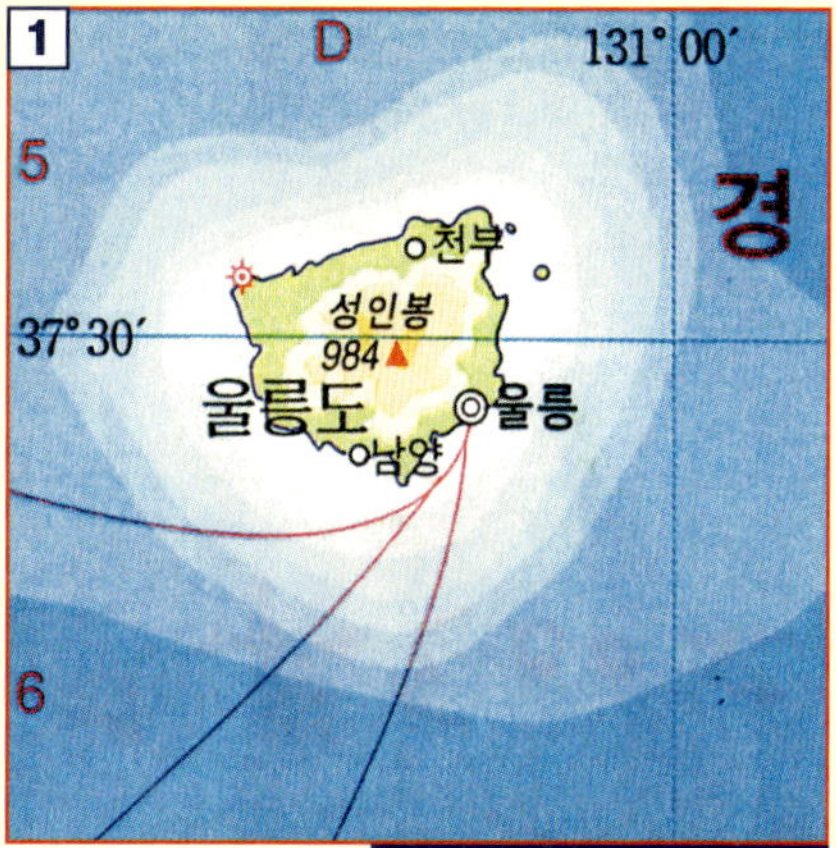

『韓国の高校地図帳』（2003年度版）より

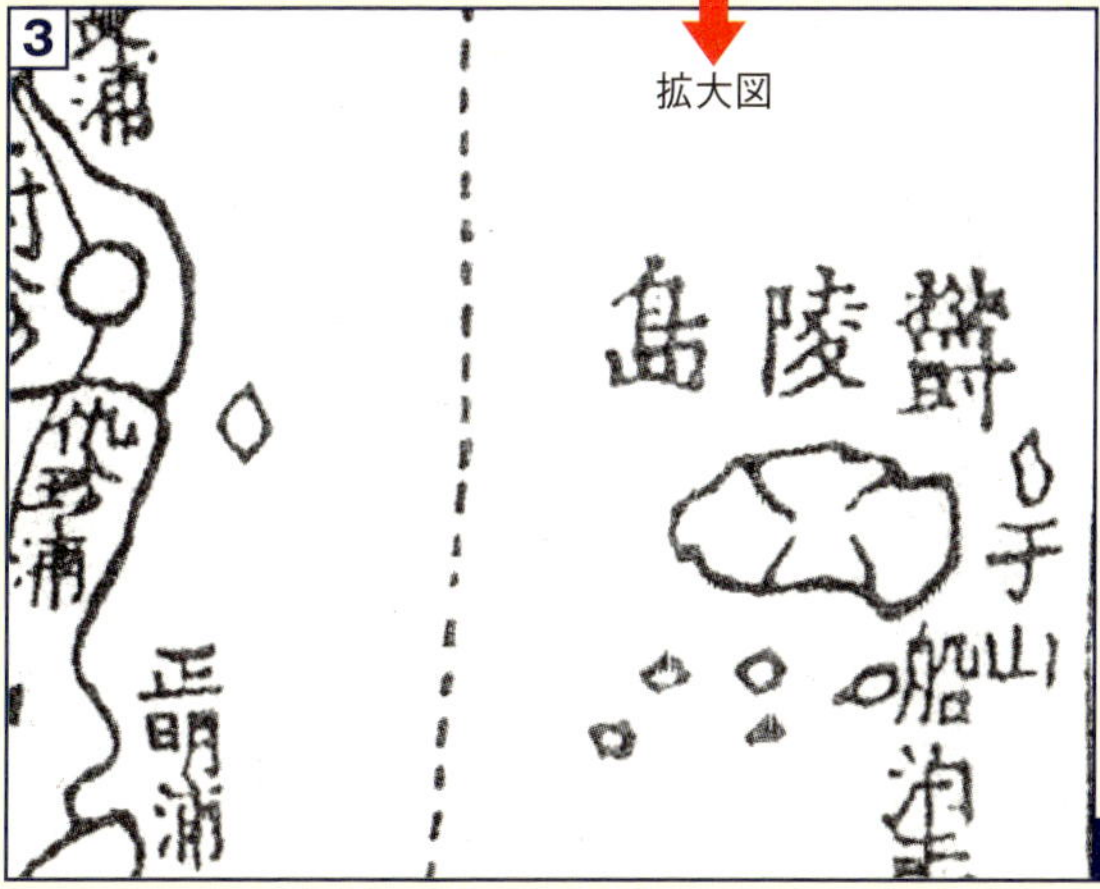

同上（拡大図）

『大韓地誌』に添付されていた地図でも竹島は日本の領土と証明されていた

図1は、2003年度版韓国の高校の地図帳に収録されている鬱陵島の周辺海域です。そして図3は、『大韓地誌』に添付されていた第12篇「江原道」の地図を拡大したものです。

最近、韓国は竹島の古い名称を「于山《うざん》」と主張していますが、于山は図2を見ると鬱陵島の北東に隣接しており、竹島ではなく現在の「竹嶼」を指しています。于山は、図1の鬱陵島の北東に隣接している同じ島（竹嶼）だ、とひと目で確認できます。

韓国の国定高校歴史教科書が竹島は日本の領土と証明していた

1
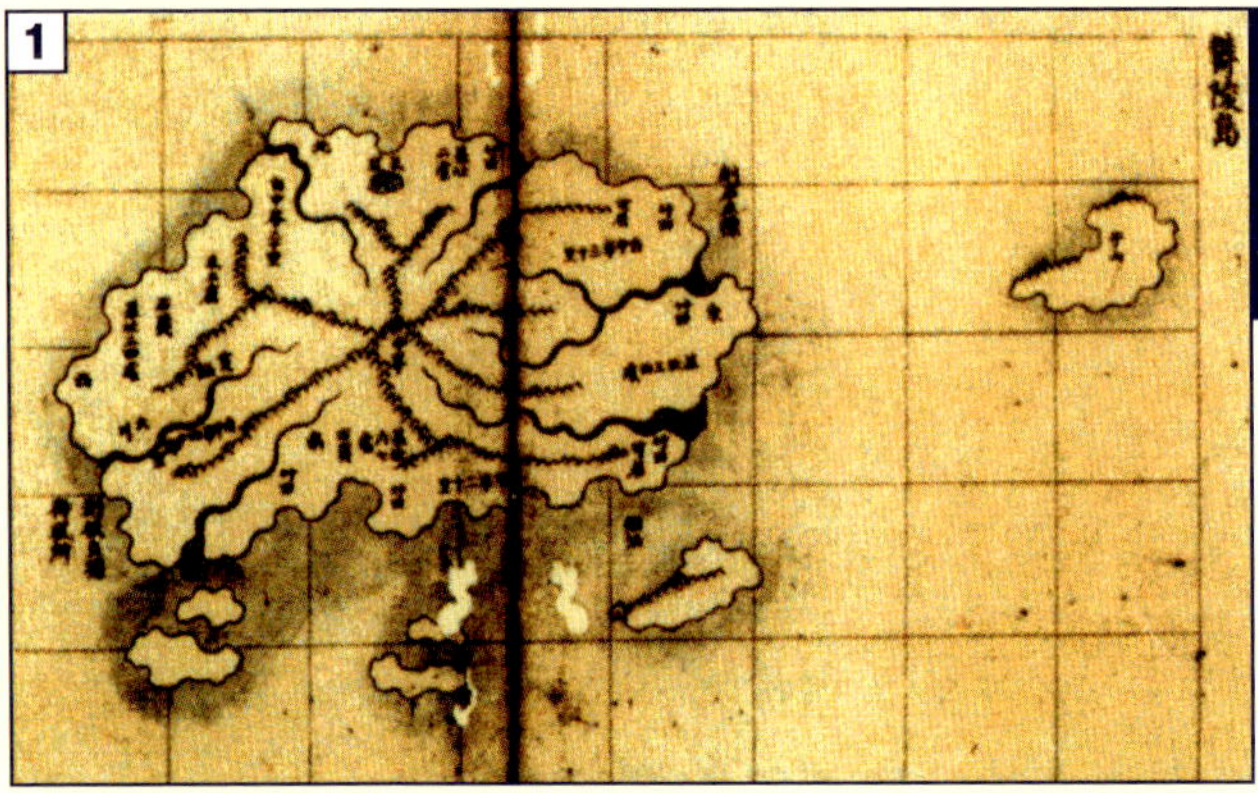

朝鮮の地図の鬱陵島と独島部分（18世紀、ソウル大学校奎章閣所蔵）大きな島が鬱陵島であり、右の「于山」と書かれた島が独島である（『韓国国定高校歴史教科書』2006年改訂版）

조선 지도의 울릉도와 독도 부분(18 세기, 서울 대학교 규장각 소장) | 큰 섬이 울릉도이고 오른쪽 우산(于山)이라 쓰인 섬이 독도이다.

2
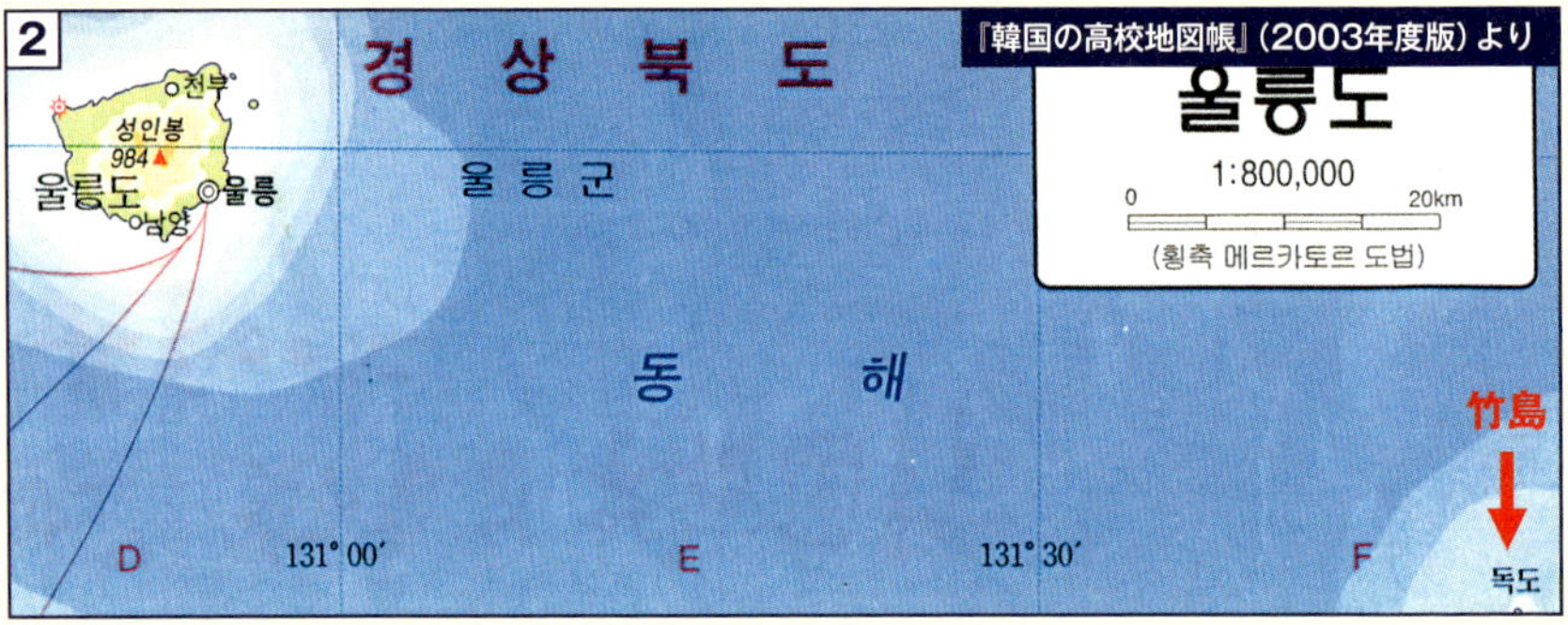

『韓国の高校地図帳』（2003年度版）より

図1と図2を比較してみると一目瞭然ですが、国定教科書に掲載されている史料は独島（于山）が竹島とまったく関係ないことを証明しています。

図2で、竹島は右端の下に位置しており、韓国は国定教科書でも歴史を改竄していることが明らかになりました。

これほどの間違いが明らかになると、韓国国内から「竹島は日本の領土だった」との声が挙がる可能性が、千に一つくらい出てくるかもしれません。

1951年、ディーン・ラスク米国務次官補は韓国への書簡で竹島を日本領と断言していた

1

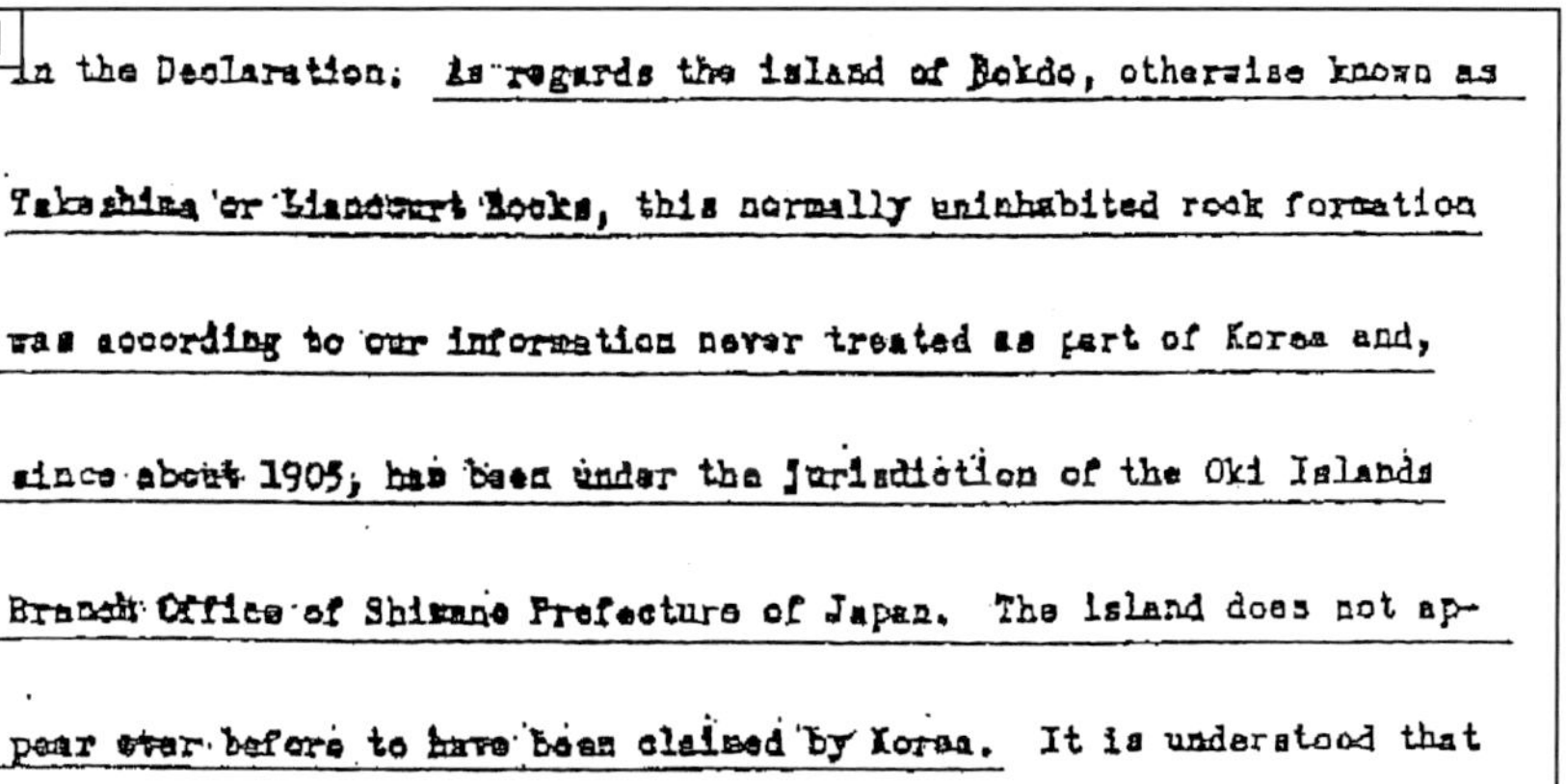

in the Declaration; As regards the island of Dokdo, otherwise known as Takeshima or Liancourt Rocks, this normally uninhabited rock formation was according to our information never treated as part of Korea and, since about 1905, has been under the jurisdiction of the Oki Islands Branch Office of Shimane Prefecture of Japan. The island does not appear ever before to have been claimed by Korea. It is understood that

1951年、ラスク米国務次官補から韓国政府へ回答した書簡の一部抜粋

2

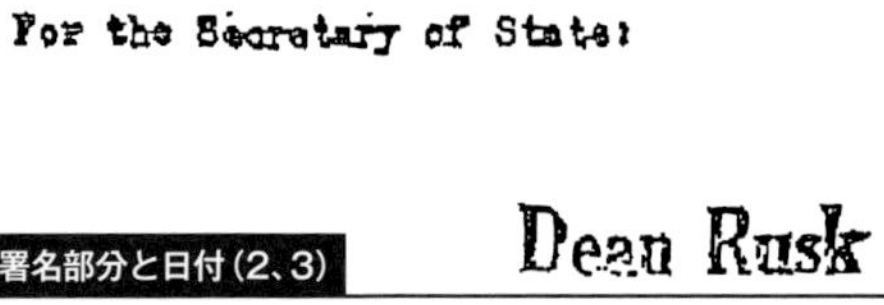

For the Secretary of State:

Dean Rusk

同、署名部分と日付（2、3）

3

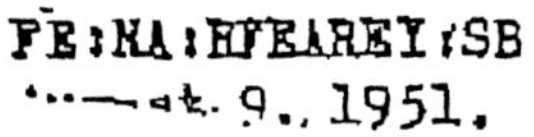

FE:NA:RFEAREY:SB

…st. 9., 1951.

韓国政府は、一九五一年九月の「サンフランシスコ講和条約」の署名を前にして、アチソン米国務長官宛に、日本の放棄する領土に「竹島」の放棄を盛り込むことを要求しました。

これに対して米国側責任者のディーン・ラスク国務次官補は、同年八月九日、韓国政府へ文書で回答しました。「竹島は一九〇五年以降、島根県の管轄下にあり、韓国から過去に領土権の主張はなされていない」と、韓国への帰属を明確に否定していたのです。

この米国の公式見解は、米公文書集『Foreign Relations of the United States 1951』の一二〇二〜一二〇三ページにも掲載されています。米上下両院議員にこの見解を説明すると、瞬時に納得してもらえるとのことです。

世界各国の地図で竹島(Takeshima)は日本領になっている

4

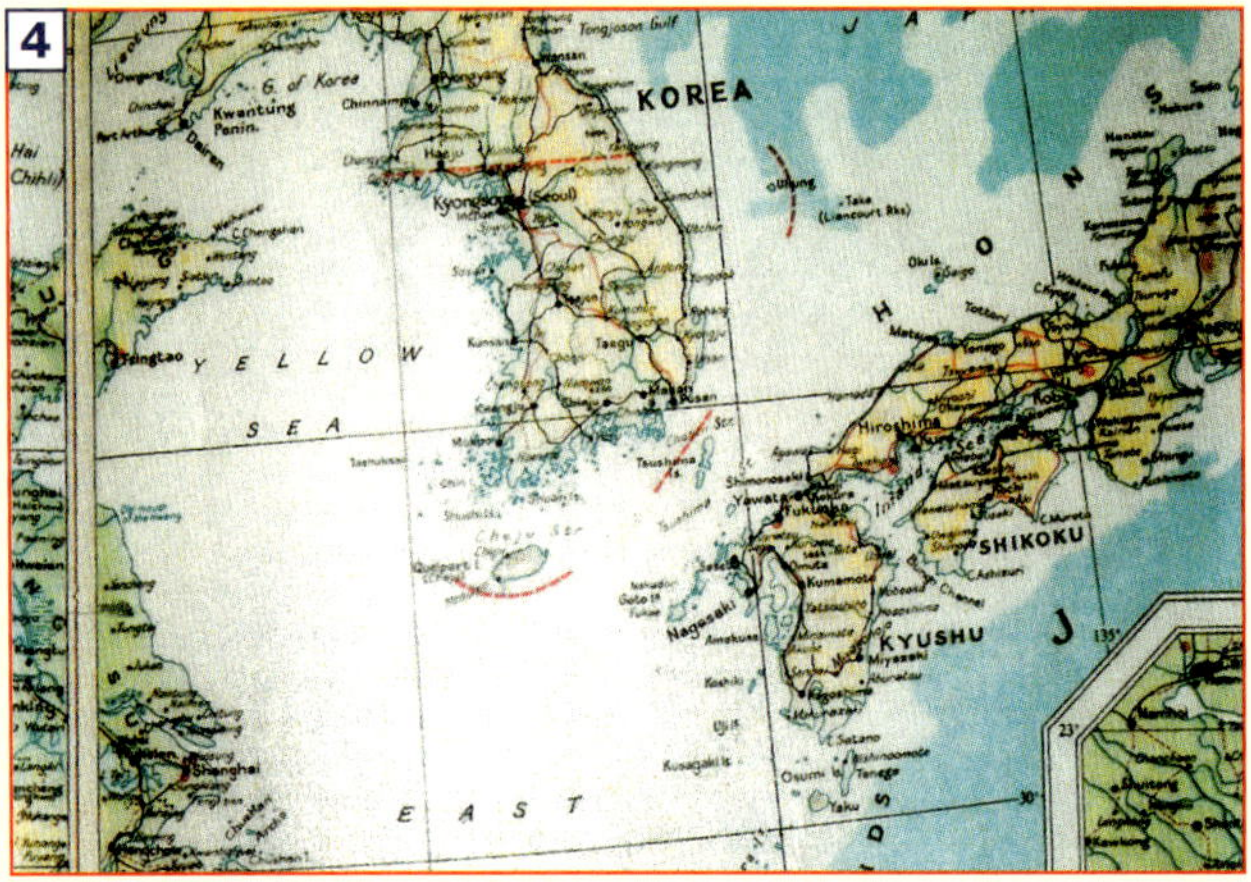

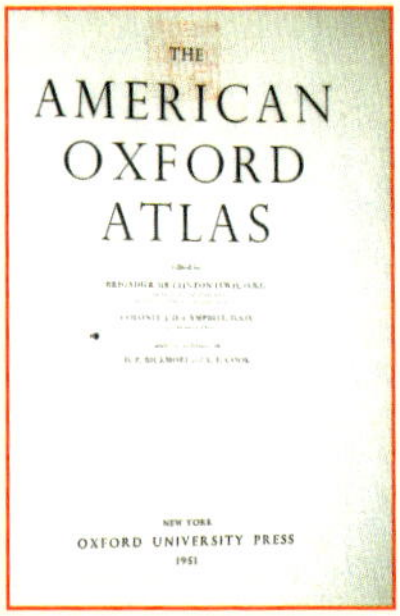

『THE AMERICAN OXFORD ATLAS』(1951年発行、アメリカ)

5

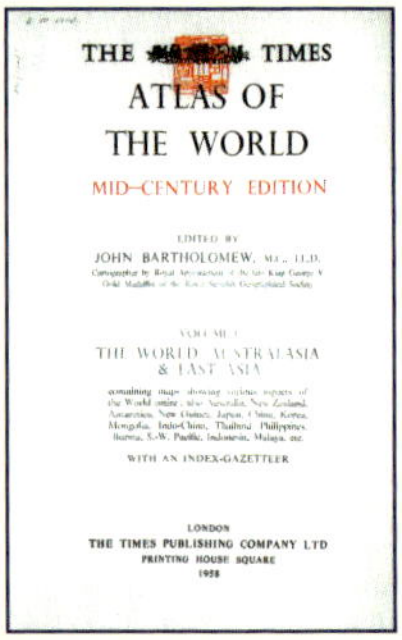

『THE TIMES ATLAS OF THE WORLD』(1958年発行、イギリス)

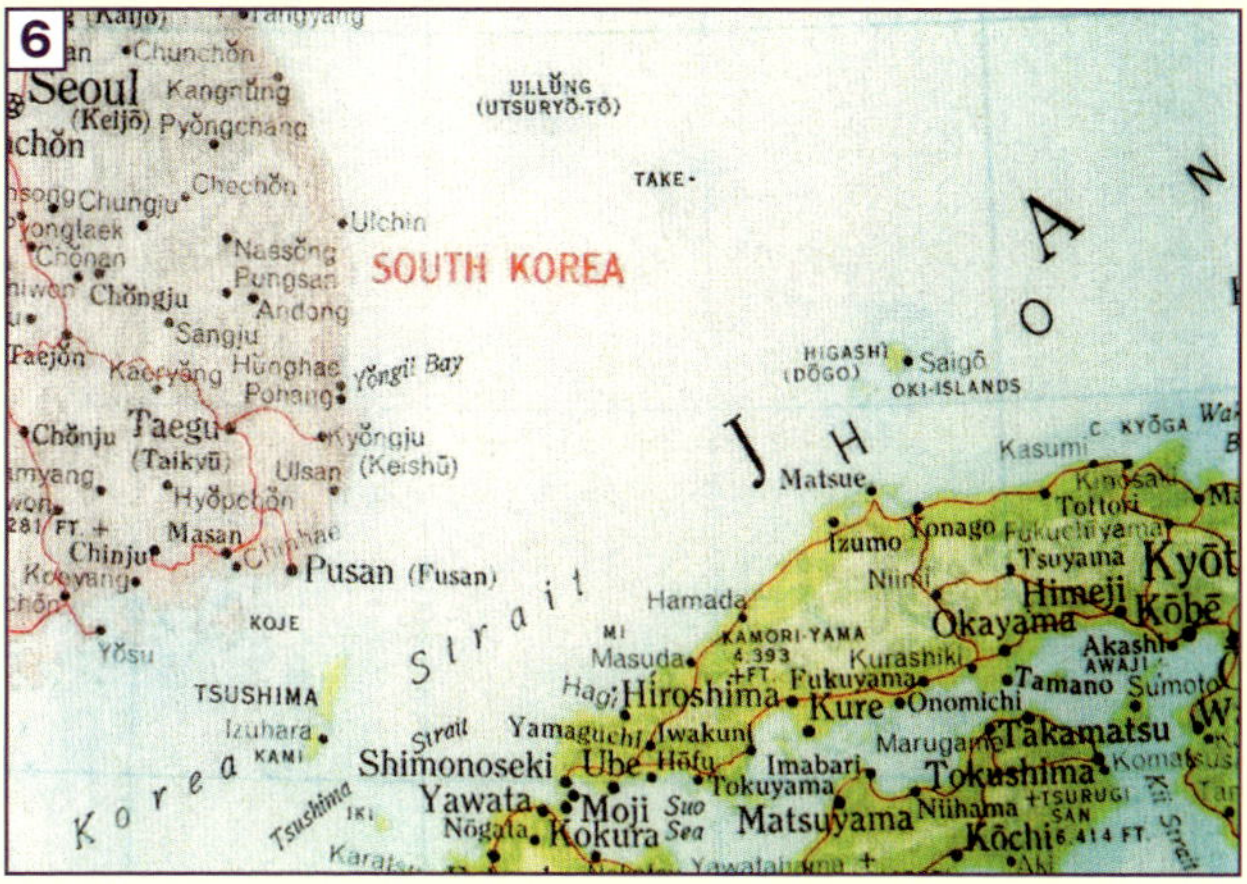

THE UNIVERSITY OF CHICAGO

ENCYCLOPÆDIA BRITANNICA WORLD ATLAS
IS PUBLISHED WITH THE
EDITORIAL ADVICE OF THE
FACULTIES OF THE UNIVERSITY OF CHICAGO

©
1942, 1943, 1944, 1945, 1946, 1947, 1949,
1951, 1952, 1954, 1955, 1956, 1957, 1958,
1959, 1960
BY ENCYCLOPÆDIA BRITANNICA, INC.
COPYRIGHT UNDER INTERNATIONAL
COPYRIGHT UNION
ALL RIGHTS RESERVED UNDER PAN
AMERICAN AND UNIVERSAL COPY-
RIGHT CONVENTIONS BY ENCYCLO-
PÆDIA BRITANNICA, INC.
PLATES 1-60 COPYRIGHT
BY ENCYCLOPÆDIA BRITANNICA, INC.

『Encyclopædia Britannica World Atlas』(1960年発行、イギリス)

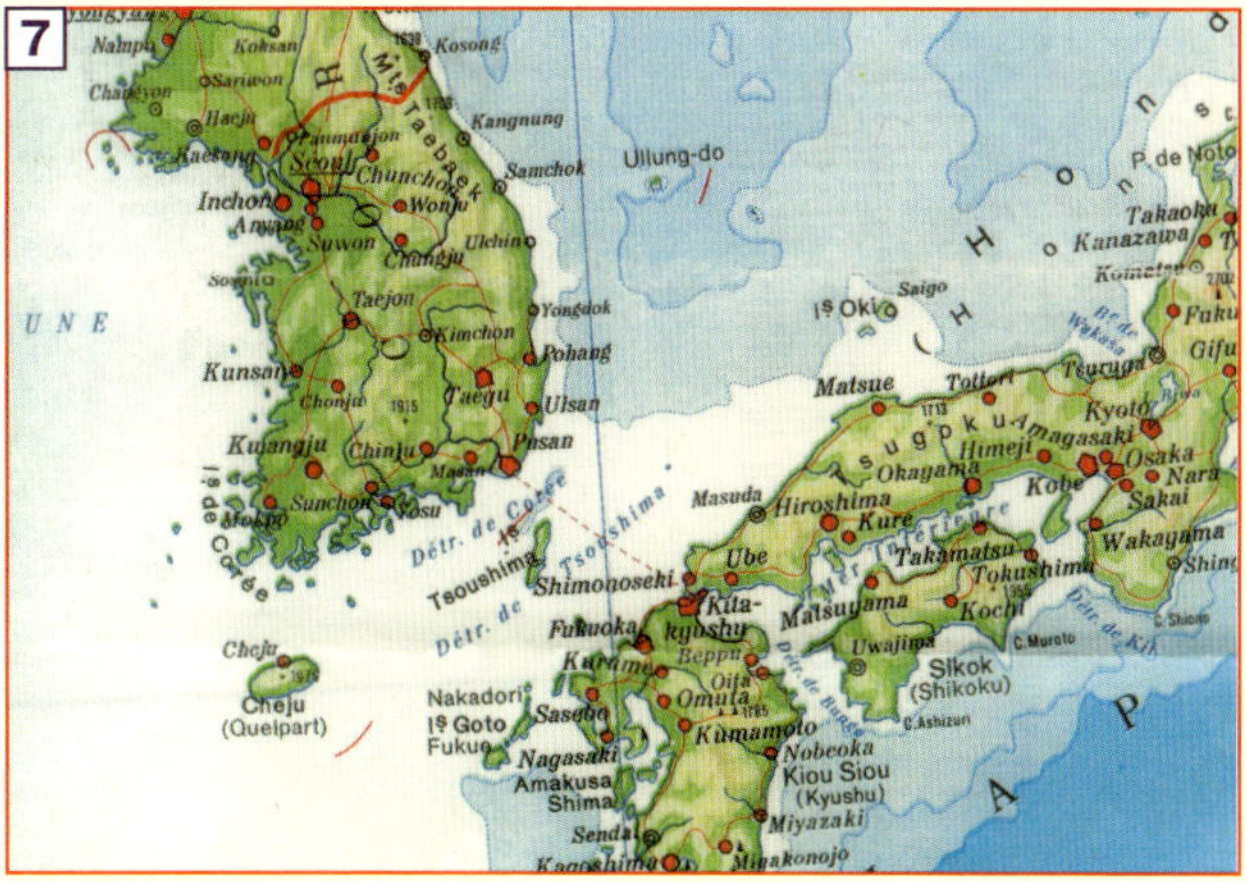

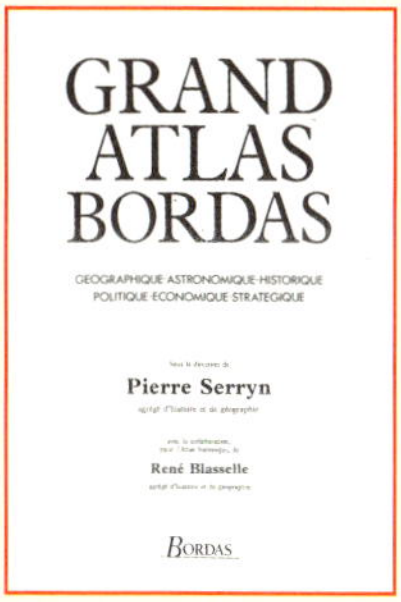
GRAND
ATLAS
BORDAS

GEOGRAPHIQUE·ASTRONOMIQUE·HISTORIQUE
POLITIQUE·ECONOMIQUE·STRATEGIQUE

Pierre Serryn

René Blasselle

BORDAS

『GRAND ATLAS BORDAS』(1994年発行、フランス)

韓国は、竹島と日本海を世界地図から削除しようと国際的にロビー活動をしている

二〇一二年一月、米ヴァージニア州議会で、教科書に日本海と「東海」を併記する法案が審議され、賛否同数で議長が反対に回って否決されました。それは、インターネットでの米在住邦人女性と国内外の同志の皆様の、ヴァージニア州議会議員へのロビー活動なしてあり得ませんでした。

韓国政府は、米国議会図書館所蔵古地図調査で、十九世紀以前の日本海周辺の古地図の六六％が「朝鮮海」または「東海」と表記され、「日本海」と表記した地図は一四％にすぎないと公言してロビー活動をしていたのです。

ところが、同じ米国議会図書館の史料を日本の外務省が二〇〇五年に調査した結果、同図書館に所蔵されている一三〇〇年～一九〇〇年まで「日本海海域」に名称が付けられていた地図一四三五枚の内訳は、「日本海」と表記した地図が一一一〇枚（七七・四％）あり、「朝鮮海」と表記されていたものは一八八枚（一三・一％）、「東海」と表記した地図はわずか二枚（〇・一％）だけだったのです。

ここでも韓国政府は、歴史を改竄《かいざん》していたことが明らかになりました。

発行時期が十九世紀になると地図・地図帳全体の八二・四％にあたる一〇五九枚が「日本海」との呼称を用いていたことも明らかになっていました。この情報を米在住邦人女性に提供したことにより、一気に形勢が逆転して、ヴァージニア州議会で同法案を否決することができたのです。

インターネットの普及により、正確な情報が武器になる時代に突入しました。そこで、尖閣・竹島・北方領土問題の核心情報をより詳しく知りたい方は『いまこそ日本人が知っておくべき「領土問題」の真実　国益を守る「国家の盾」』（水間政憲著、ＰＨＰ研究所）を参照ください。

南京問題：動かぬ証拠

小磯良平『南京中華門戦闘図』（『聖戦美術』所収、1939年）

日支事変から南京攻略戦へ

我が国が関わった二十世紀の戦争で、現在でも論争がたえない不名誉な問題に「南京攻略戦」の戦闘があります。

ここでは当時の情勢をふまえて、中国との戦いを「日支事変」と称して話を進めることにしました。

当然のことですが、同事変で戦ったのは、突然変異し凶悪化した日本人でなく、我々の祖父や父親世代の普通の日本人だったのです。

前ページの小磯良平画伯の『南京中華門戦闘図』は、一九三九年（昭和十四年）の朝日新聞社賞を受賞した名画ですが、戦後、所在不明になっています。

南京攻略戦には、兵士や報道陣だけでなく画家も従軍していたのです。また、南京城陥落直後には小林秀雄、西条八十、林芙美子、石川達三、草野心平、大宅壮一など、詩人、作家、評論家も入城していましたが、戦後、南京で虐殺を見たと証言したものはおりませんでした。

これからの検証に、当時の『朝日新聞（東京朝日新聞）』の記事を通して論証を進めますが、戦後「軍の検閲によって自由な報道が規制され、真実が報道できなかった」と、云われてきました。

しかし、南京攻略戦を朝日新聞従軍記者のキャップとして入城した橋本登美三郎上海支局次長（元自民党幹事長）は、阿羅健一氏の「当時の報道規制をどう感じましたか」との質問に「何も不自由は感じていない。思ったこと、見たことはしゃべれたし、書いていたよ」（『「南京事件」日本人48人の証言』小学館文庫より）と述べており、『朝日新聞』が報道した南京攻略戦の記事は真実を伝えていたとして、論を進めても差し支えないと判断しました。

当時の目撃者による記録は第一級史料ですが、極東国際軍事裁判（以下、東京裁判）では日本側が提出した「新聞記事や聞き取り証言」を証拠採用せず、とくに南京攻略戦に関してはことごとく却下していたのです。

1937年当時の南京略図

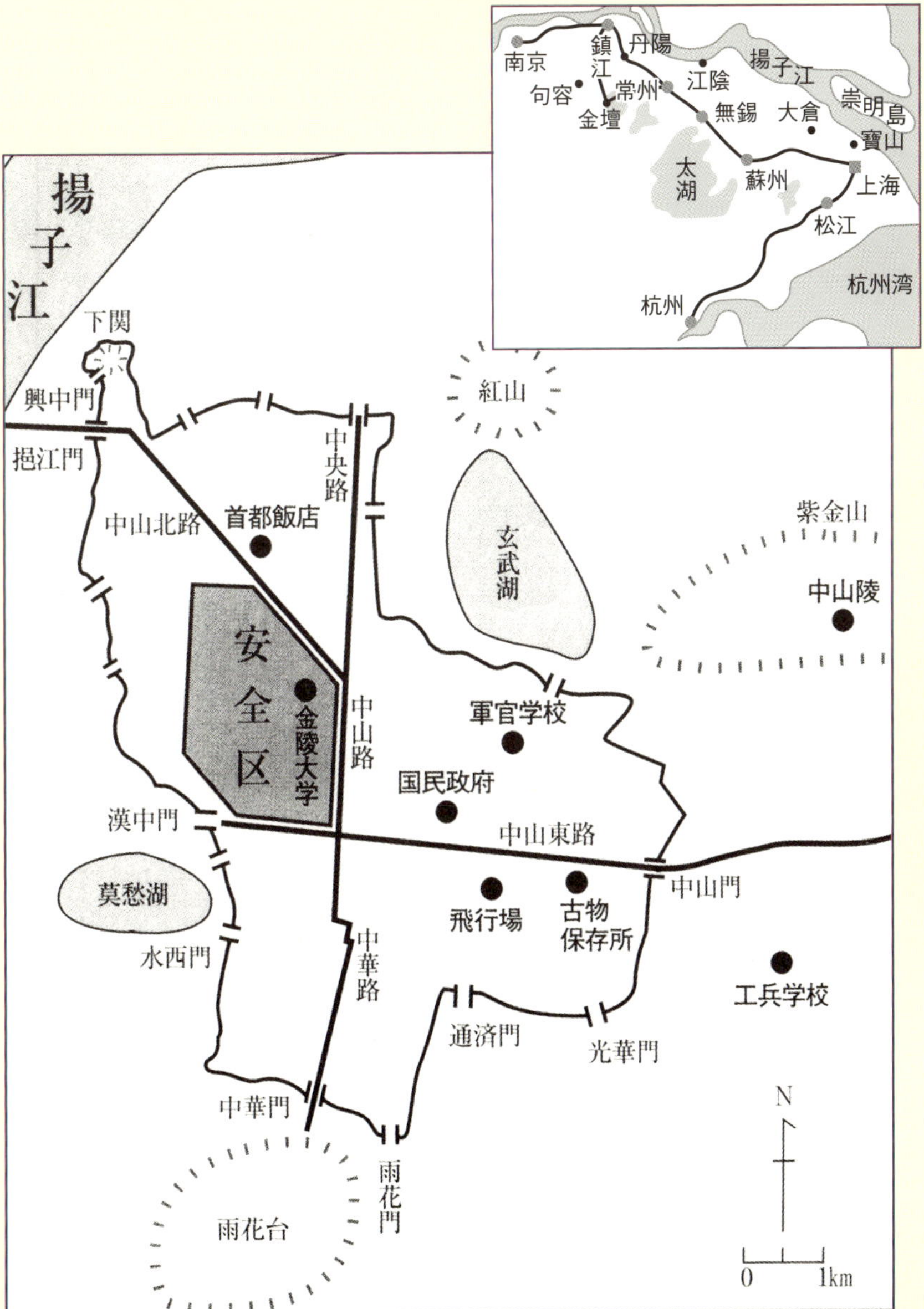

1937年当時の南京

東京朝日新聞

號外

この號外は本紙に再錄致しません

痛恨斷腸の地・呪られた通州

本社丸山特派員撮影（天津⇔奉天 空輸 奉天⇔大連 汽車便）大連⇔大阪「神風」機空輸・大朝電送

寫眞說明＝いづれも八月四日撮影

【1】通州戰歿者の爲に生存者が淚の默禱
【2】支那兵の暴虐に死の街と化した通州
【3】鬼畜の手から生殘つた居留民
【4】日章旗飜る通州日本軍守備隊
【5】敵が遺棄した野砲
【6】支那兵によつて無幾破壞された通州の市街
【7】我軍が鹵獲した敵の銃器の山＝地圖は通州市街

129 號外

「通州大虐殺事件」を報じた『朝日新聞』の号外（1937年8月8日）

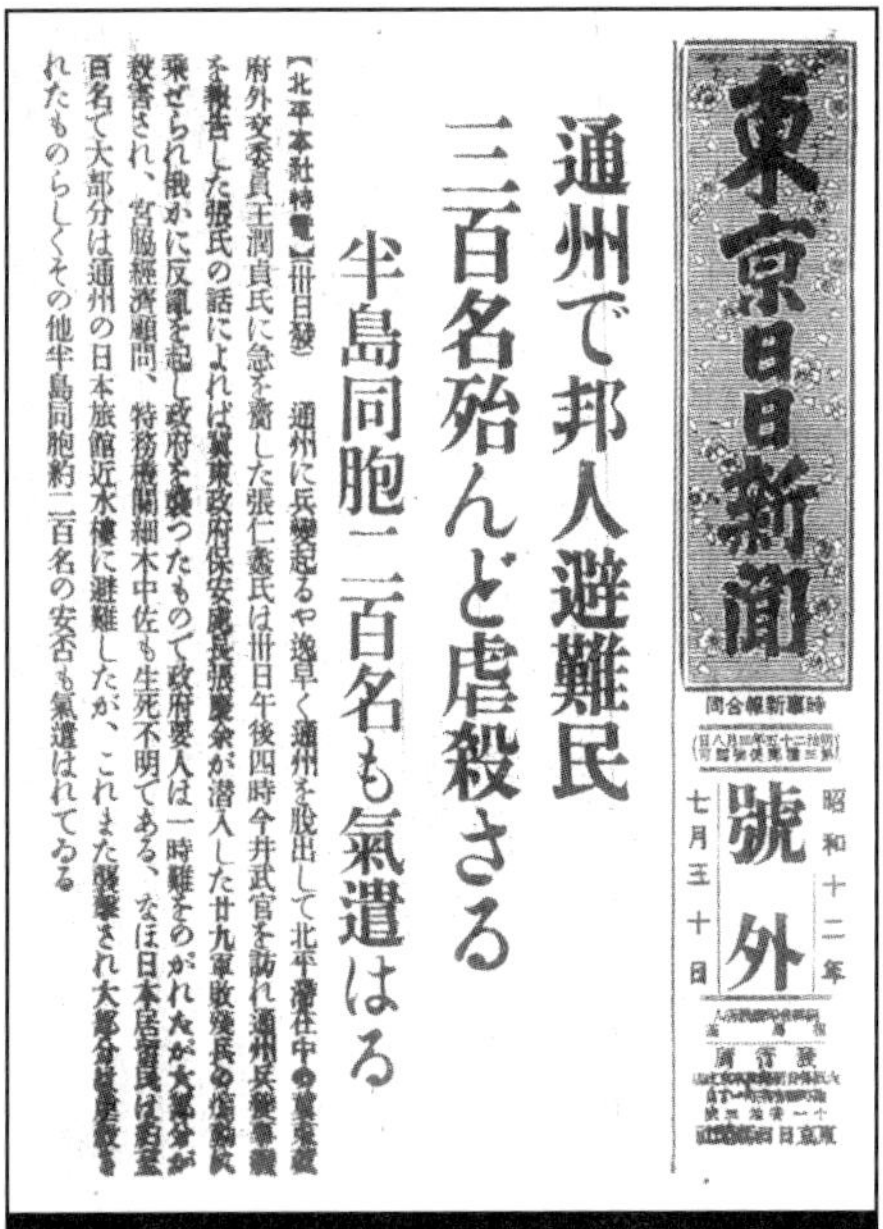

東京日日新聞

號外

昭和十二年七月三十日

通州で邦人避難民 三百名殆んど虐殺さる

半島同胞二百名も氣遣はる

【北平本社特電】(卅日發) 通州に兵變起るや逸早く通州を脱出して北平滯在中の冀東政府外交委員王潤貞氏に急を齎した張仁蠡氏は卅日午後四時今井武官を訪れ通州兵變事情を報告した張氏の話によれば冀東政府保安隊長張慶余が潜入した廿九軍敗殘兵の煽動に乗ぜられ俄かに反亂を起し政府を襲つたもので政府要人は一時難をのがれたが大部分は殺害され、宮脇經濟顧問、特務機關細木中佐も生死不明である、なほ日本居留民は約三百名で大部分は通州の日本旅館近水樓に避難したが、これまた襲撃され大部分は虐殺されたものらしくその他半島同胞約二百名の安否も氣遣はれてゐる

「通州大虐殺事件」を報じた『東京日日新聞』(現『毎日新聞』)の号外(1937年7月30日)

東京日日新聞 夕刊

通州保安隊叛亂の全貌

近水樓に彈丸集中 比類なき鬼畜行動

我居留民に暴虐の限り

張自忠軍將を離脱

同、『東京日日新聞』夕刊(1937年8月4日)

東京日日新聞

號外

昭和十二年八月九日

通州殘虐の跡

通州冀東幹部教練所の彈痕

同、『東京日日新聞』号外(1937年8月9日)

国民を震撼させた通州の惨劇

「通州大虐殺事件」は、戦後、マスメディアや教科書では一切封印されていますが、事件当時『朝日新聞』も『毎日新聞（東京日日新聞）』も「号外」を出す大事件でした。

一九三七年七月二十九日深夜、中国兵は、通州の日本人住宅を襲い婦女子を含む二百数十名を惨殺したのです。その残虐行為は「ある者は耳や鼻を削がれ、女性は陰部に丸太を突き刺され、乳房を削がれ、ある者は鉄線で数珠つなぎにされ池に放り込まれた」と、聞くに耐えない阿鼻叫喚の大虐殺事件を、当時の新聞や雑誌はこぞって報道していました。

左記の記事に、「……南京百萬市民が怯え切っている矢先き突如南京政府が『日支の全面的開戦近づき南京市中も戦禍の巷と化すかも知れないから官史の家族は至急離京するように』」とあり、中国側は同八月五日の時点で日本との全面戦争を決断し、南京市民を無視して、官史の家族だけに避難勧告をしていたことが読み取れます。

「大山中尉射殺事件」を報じた『朝日新聞』（1937年8月9日）の写真（『支那事変写真全集』〈中・上海戦線〉朝日新聞社、1938年3月）

南京・動搖を來す
不吉續き・大量避難

【南京特電五日發】地震、彗星、大暴風雨と云ふ近年稀有の天災異變の續出に南京百萬市民が怯え切つてゐる矢先き突如南京政府が『日支の全面的開戰近づき南京市中も戰禍の巷と化すかも知れないから官吏の家族は至急離京するやうに』との通告を發したと云ふので、又憲兵、巡警が『假令日本軍が爆撃するとも防備は嚴重だ市民は踏止まり防空に努めよ』と各戸に通知するといふ周章ぶり

一方民家屋根やバスの車體は一齊に塗り變へを開始した

それ日本の空襲だーとばかり例の避難騒ぎだ、南京驛や下關の船乗場は避難市民と荷物で戰場のやうな大混亂、臨急策として南京着列車は一つ前の和平門驛で乗客を降すことにしたが南京驛に入つて來る列車がまだ停車せぬ内から飛乗るといふ有様で切符がプレミアム付で奪ひ取られる騒ぎ、三、四、五の三日間避難者は既に五萬人といはれ情勢が益々深刻化して行くので益々避難民は激増するばかりだ、市内のタクシー、馬車等は既に今月中は豫約濟みである尚各官廳は重要書類を箱詰めにして避難準備を始めてゐる又物價は風船玉のやうにドンドン暴騰して行くので食糧不足を來し官廳や市社會局は必死になつて抑へて居るが到底追付かず必要以上の憲兵と巡警の壓力で保たれて居り首都南京の秩序も漸くぐらつき出して來た

【南京六日發同盟】南京各界抗敵救援會は市政府と協力向ふ三ケ月間旅館、飲食店、映畫館等の收入に對し前敵將士慰問附加税を課するに決定

又過般成立した南京學生抗敵救援會は昨日より街頭に進出し各所で路傍演説を行ひ國歌、軍歌、抗日歌を高唱、抗日演説を行ひ民衆の抗日感情を煽動してゐる【寫眞は青天白日旗を掲げ戰時氣分横溢の上海風景】

『朝日新聞』(1937年8月7日)

東京朝日新聞　（火曜日）　昭和十二年八月十日　（二）

帝國海軍中尉・上海で

暴戻！鬼畜の保安隊
大學包圍して亂射
運轉員の水兵も拉致

【上海特電九日發】＝日本海軍特別陸戰隊午後九時四十五分發表＝陸戰隊第一中隊長海軍中尉大山勇夫は一等水兵齋藤要藏の運轉せる自動車により本日午後五時頃上海共同租界越界路のモニユメント路（碑坊路）通行中、道路上にて多數の保安隊に包圍せられ次いで機銃、小銃等の射撃を受け無念にも數十發の彈丸を受けて即死した、現場を檢視するに頭部腹部には蜂の巣の如くに彈痕があり自動車は前硝子が破壊せられ車體は數十發の機銃彈痕あり無法鬼畜の如き保安隊の行為を物語つてゐる、右のモニユメント路は共同租界のエキステンシヨンであり各國人の通行の自由ある所であるに拘らず支那側は最近上海の緊張に乘じて千數百名の保安隊などの防禦工事を構築し俄かに兵力を以て勝手に通行を禁止し自動車にても通行人にもピストルを突き付けて身體檢査するなど明かなる國際協定違反なるのみならず、共同租界居住各國人に對する侮辱である、支那側の無法なる抗日の公然たる挑戰行為である、なほ同自動車の運轉員一等水兵齋藤要藏は座席に多量の血痕を殘せるまゝいづこにか拉致されたもの丶如くである、帝國海軍陸戰隊は嚴重に支那側の不法に對する責任を問ふと共に嚴正なる態度を以て徹底的解決を期せむとす、なほ同中尉は軍服であつたことを附記する

陸戰隊出動・非常警戒

【上海特電九日發】我が陸戰隊本部は大山中尉、齋藤水兵事件の勃發により司令官以下各幕僚はこれが對策決定につき重大協議を行ひつゝあり、支那側の態度如何によつては自衛手段に出づるも已むを得ざるに立至るべく、陸戰隊は出動待機の姿勢で極度の緊張を示して居る、右射殺事件は北支事變の進展に伴ふ日支間の緊迫せる時局に急展開を示さんとする虞れ十分にあるものとして極度に重視され、我が出先官憲では直に外務、陸海軍の首腦部參集し重大協議を行つてゐる

【上海特電九日發】陸戰隊では九日午後十時大山中尉の死體引取りに赴いたが同時に全員の非常警戒出動を命じた【寫眞は〇〇艦から遙に上海市街を望む】

現地へ急行

【上海特電九日發】大山

中国の挑発行為が戦争へエスカレート

戦後、日支事変は、一九三七年七月七日の「盧溝橋事件」を起点に火ぶたを切ったと一般的にいわれていますが、実際、日本側は盧溝橋事件の後、現地の中国側と和平協定（同七月十一日）を結んでおり、戦闘を拡大する意思がなかったことが明らかになっています。

ところが、中国側の挑発行為はその後も「郎坊事件」（同七月二十五日）、「広安門事件」（同七月二十六日）、「通州事件」（同七月二

『朝日新聞』（1937年8月10日）

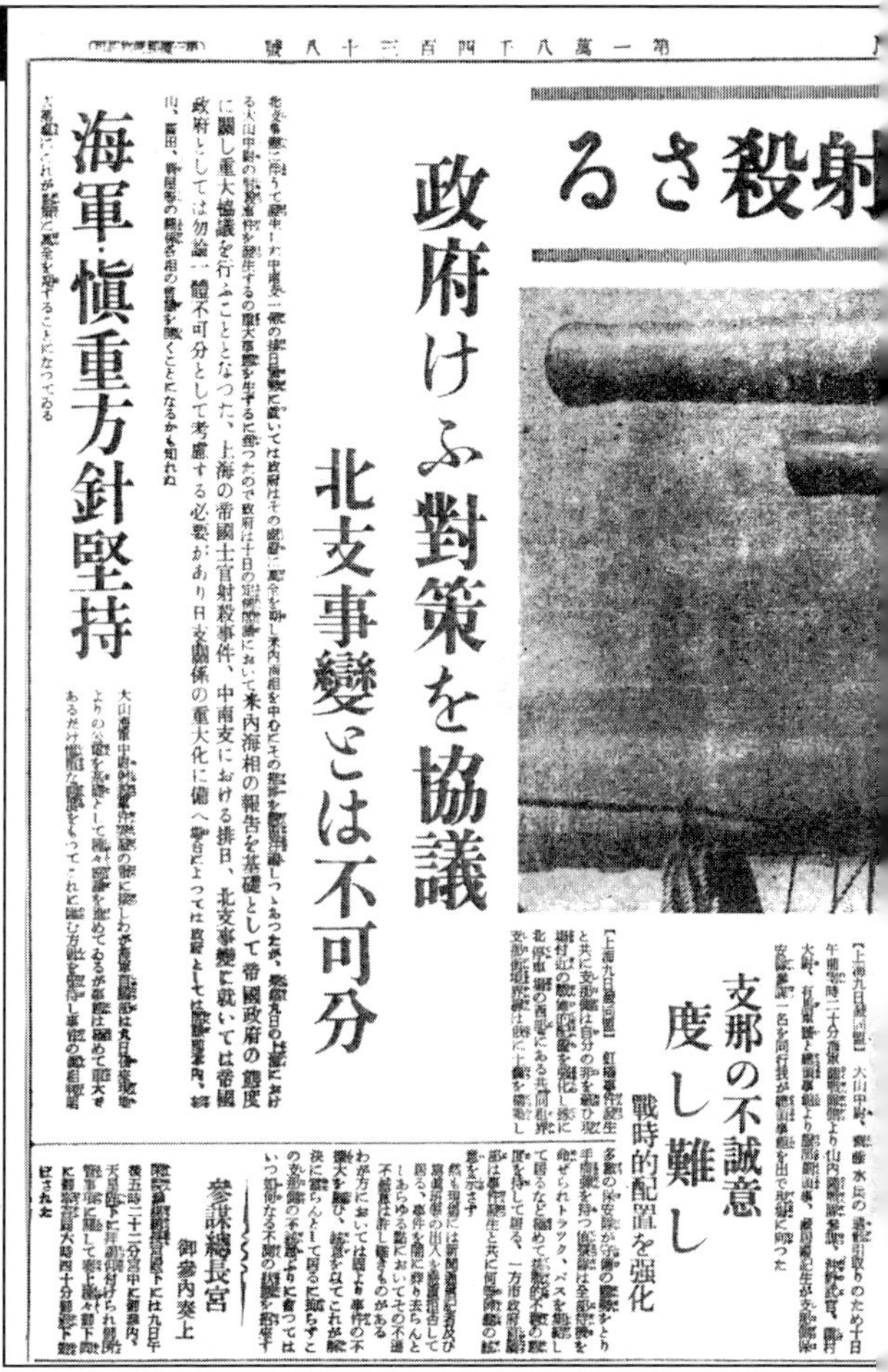
第一萬八千四百三十八號

射殺さる

政府けふ對策を協議

北支事變とは不可分

海軍・愼重方針堅持

支那の不誠意 度し難し

戰時的配置を強化

參謀總長宮 御參内奏上

十九日）と続いていました。この記事を読むと、同八月九日の時点でもまだ我慢していたことがよく分かります。

盧溝橋事件は、日本側と中国側に銃弾が打ち込まれたことで「日本側が犯人だ」「中国側が犯人だ」という闇の部分が戦後、論争になっています。それは、一方的に中国側の挑発行為か否かが断定できないところに利益のある、中国や戦勝国側の「日本罪悪史観」に基づく歴史認識なのです。

戦後、我が国の歴史認識は、GHQ占領下に書き換えられ、日本側の歴史認識が封印されたことで、本当はどうだったのか判らなくなっているのが現状なのです。

そこで日本側が戦争を決断した日を特定することは、我々の歴史を取り戻すうえで大事なことになります。

日支事変は中国側の一方的な挑発が原因だった

戦後日本では「十五年戦争」という言葉がひとり歩きして、現在、教科書にまで記述されています。

一九三一年九月の満州事変から一九四五年八月の敗戦までの約十四年間のことをいうのですが、その意味するところは、このような長い間日本は「無謀な侵略戦争を継続していた」ということであり、東京裁判によって押し付けられた「日本罪悪史観」を象徴する言葉なのです。

日支事変が中国側の一方的な挑発行為となると、戦後の歴史認識はがらっと変わることが、皆様方にも理解していただけることでしょう。

通州大虐殺事件の惨劇が伝えられても、大山中尉が惨殺されても、日本がまだ「不拡大方針」を堅持していたことは、記事を読むと明らかです。

しかし、蒋介石はソ連や英米の支援を受けて一九三七年七月九

昭和十二年八月十四日

東京朝日新聞

第二號外

【本紙不再錄】

支那軍爆擊機出動

我陸戰隊、軍艦を爆擊

上海に空中戰展開す

【上海十四日發同盟】陸戰隊本部上空に飛來した支那軍爆擊機は目下盛んに爆彈を投下しつゝあり

【上海十四日發同盟】敵の爆擊機一機は午前十時約五百米の高度を保つて陸戰隊本部上空に現はれ陸戰隊は直ちに高射砲をもつて射擊を加へてゐる

【上海十四日發同盟】支那爆擊機四台は黃浦江上空に現はれ午前十時碇泊中の我軍艦○○めがけて爆彈二個また[illegible]學校地區に五六發の爆彈を投下した

我が空軍直ちに出動

【上海十四日發同盟】支那軍爆擊機出動に我が空軍は直に出動準備將に上海上空に飛來せんとしてゐる

武官室との交通杜絕

【上海特電十四日發】十四日午前四時半敵の逆襲に我が軍應戰し砲聲銃聲は租界内に轟き渡り、折からの暴風雨中に凄愴な氣が漲り黃浦江上の我が軍艦よりも猛烈な砲擊を開始した續いて一時間砲聲は愈激烈となり兩軍大激戰の中に夜はほの〴〵と白んだ、北方から迫つた敵は新公園附近まで進出して我が軍に猛射を浴せ陸戰隊本部我海軍武官室に彈丸雨下、武官室警備の陸戰隊員はこの一畫を嚴重に防備中であるが武官室と外界との交通は午前五時危險なため全く杜絕し僅かに電話連絡のみである

『朝日新聞』号外（1937年8月14日）

日、中国各省の高官を前にして「中国は戦うつもりである」と宣言をしていたのです。

この記事で問題なのは、第一次上海事変（一九三二年）のときに取り決めた「上海停戦協定」に違反して、中国側が一方的に上海で戦闘を開始したことなのです。

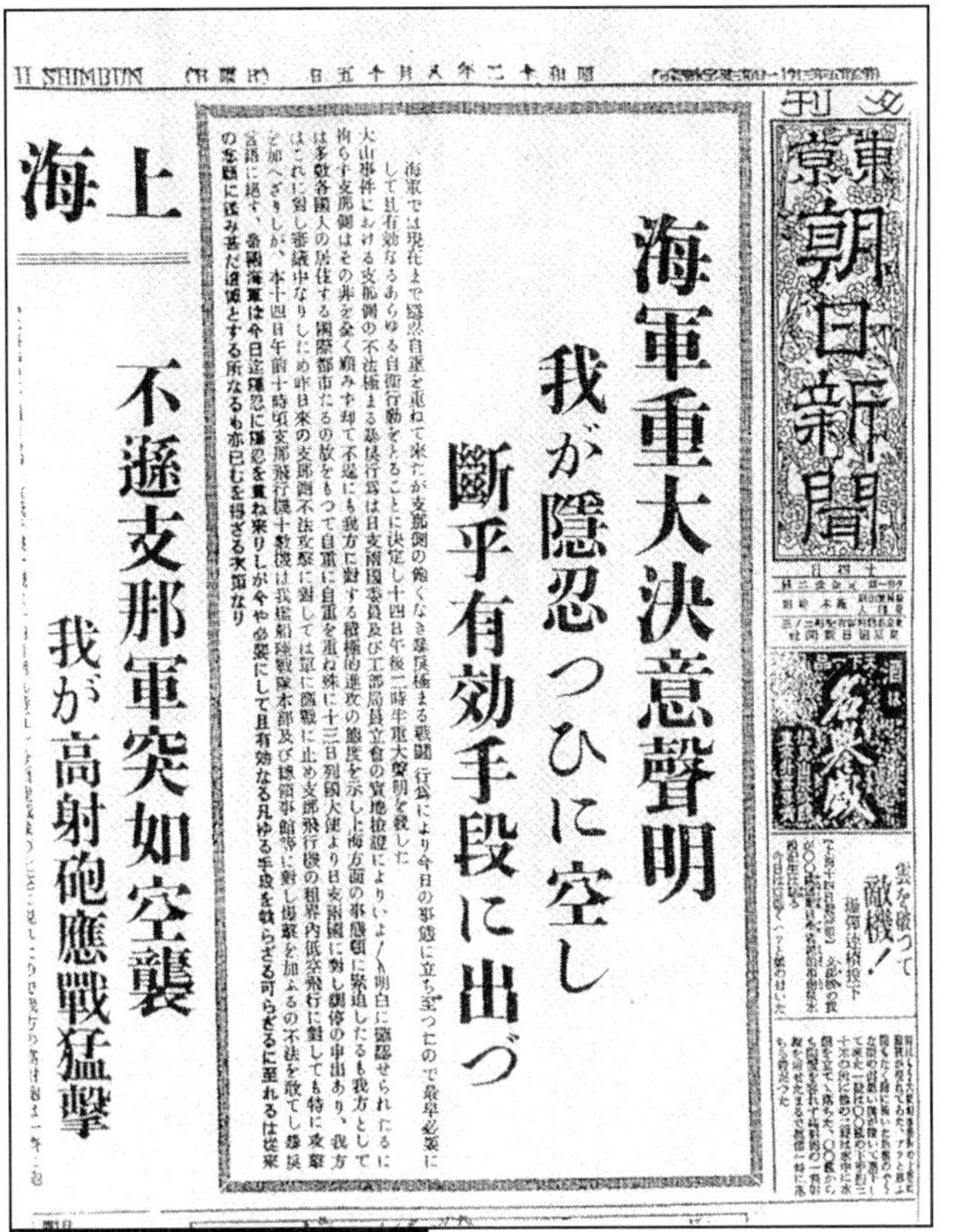
東京朝日新聞
夕刊
海軍重大決意聲明
我が隱忍つひに空し
斷乎有効手段に出づ
上海
不逞支那軍突如空襲
我が高射砲應戰猛擊

『朝日新聞』夕刊（1937年8月15日）

この中国側の戦闘行為に、日本側が応戦するのは当然であり、中国に引きずられて戦争に突入したのが一九三七年八月十三日だったのです。

日本政府は、この中国側の攻撃によって急遽、同八月十四日に松井石根大将を上海派遣軍司令官に選出し、同八月十七日に「不拡大方針」から転換する閣議決定をしました。

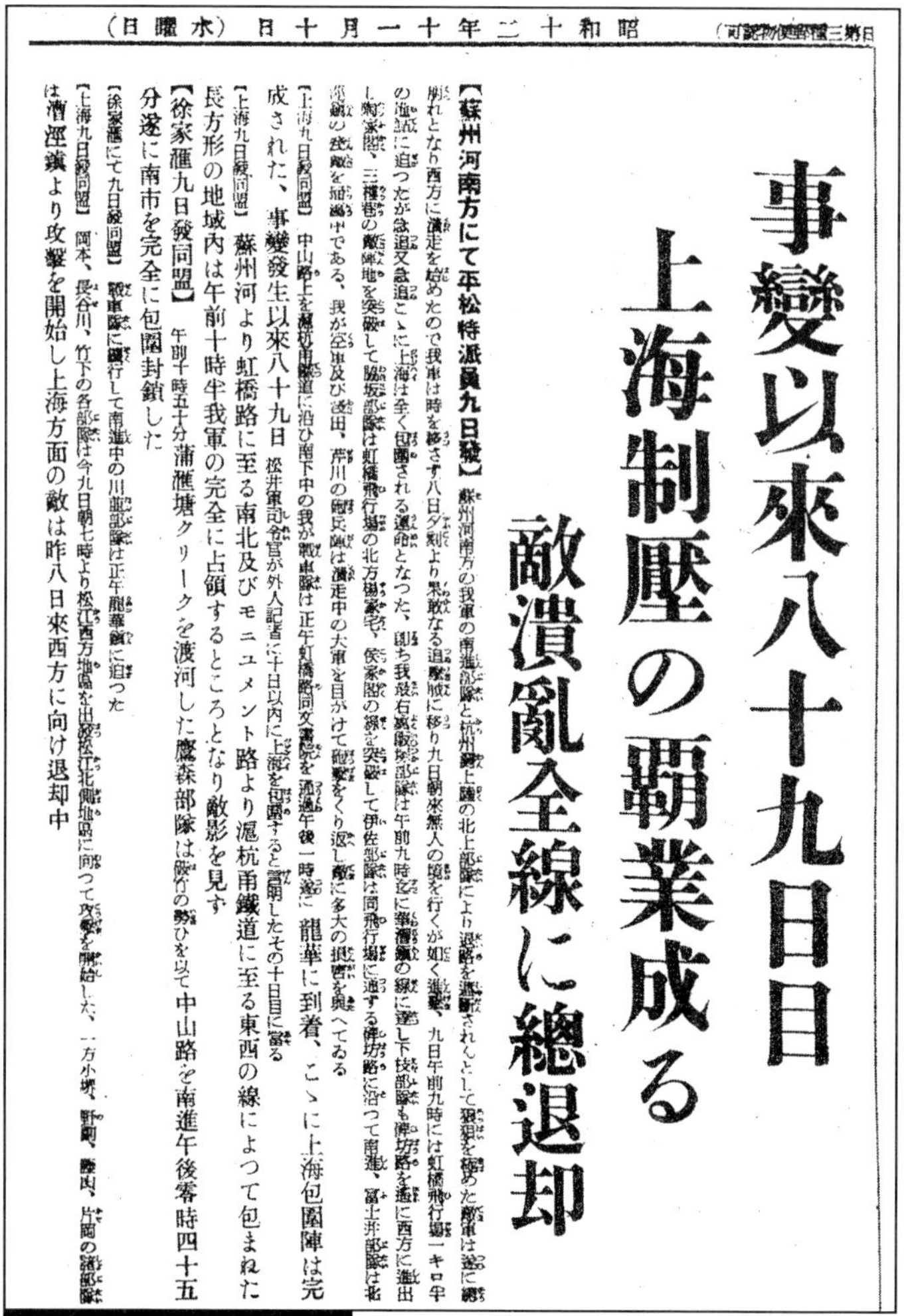
昭和十二年十一月十日（水曜日）　（第三種郵便物認可）

事變以來八十九日目
上海制壓の覇業成る
敵潰亂全線に總退却

【蘇州河南方にて平松特派員九日發】蘇州河南方の我軍の南進部隊と杭州灣上陸の北上部隊により退路を遮斷されんとして狼狽を極めた敵軍は遂に總崩れとなり西方に潰走を始めたので我軍は時を移さず八日夕刻より果敢なる追撃戰に移り九日朝來無人の境を行くが如く進撃、九日午前九時には虹橋飛行場一キロ半の地點に迫つたが急追又急追こゝに上海は全く包圍される運命となつた、即ち我最右翼縱隊部隊は午前九時迄に華漕鎭の線に達し下枝部隊も徐坊路を遙に西方に進出し胡家閣、三權巷の敵陣地を突破して脇坂部隊は虹橋飛行場の北方楊家宅、侯家閣の線を突破して伊佐部隊は同飛行場に通ずる徐坊路に沿つて南進、富士井部隊は北新涇鎭の敵陣地を掃蕩中である、我が空軍及び遂田、芹川の砲兵陣は潰走中の大軍を目がけて砲撃をくり返し敵に多大の損害を與へてゐる

【上海九日發同盟】中山路上を滬杭甬鐵道に沿ひ南下中の我が戰車隊は正午虹橋路同文書院を通過午後一時遂に龍華に到着、こゝに上海包圍陣は完成された、事變發生以來八十九日 松井軍司令官が外人記者に十日以内に上海を包圍すると言明したその十日目に當る

【上海九日發同盟】蘇州河より虹橋路に至る南北及びモニユメント路より滬杭甬鐵道に至る東西の線によつて包まれた長方形の地域内は午前十時半我軍の完全に占領するところとなり敵影を見ず

【徐家匯九日發同盟】午前十時五十分蒲滙塘クリークを渡河した鷹森部隊は破竹の勢ひを以て中山路を南進午後零時四十五分遂に南市を完全に包圍封鎖した

【徐家匯にて九日發同盟】戰車隊に續行して南進中の川龍部隊は正午龍華鎭に迫つた

【上海九日發同盟】岡本、長谷川、竹下の各部隊は今九日朝七時より松江西方地區を出發松江北側地區に向つて攻撃を開始した、一方小堺、野副、藤田、片岡の諸部隊は漕涇鎭より攻撃を開始し上海方面の敵は昨八日來西方に向け退却中

『朝日新聞』（1937年11月10日）

事変以来八十九日目とは！

この記事は、1937年11月10日付であり、「事変以来八十九日目」を逆算すると、1937年8月13日になっています。

日本人は「日支事変」勃発の歴史認識を同8月13日に戻して検証しなくては、真相がぼやけてしまいます。当然、教科書も書き換えなければいけません。

十七歳少年の遊説に
〝日の丸部落〟誕生

硝煙下に桃源境

村に満つ平和の囁き

【寶山城にて 横田特派員十五日發】硝煙けむる揚子江附近の寶山縣の片隅にふと現れた支那人部落一つ、溝は鰻か鮒が飛び畦道には野菊や日向草が一杯咲いて恰も日本の田舎路を思はせる農村風景の中を月浦鎮から奥へ入ること二里ばかり楊柳茂る小川の橋を渡つた部落の村に日章旗が高く翻つて居る、記者は十四日午後先づその一つである寶山縣〇〇鎮を訪れたのである、聞くとこの村の名は「日の丸部落」と名づけられてあつた

平和の翼の下に

『朝日新聞』(1937年10月17日)

畑と集落の行き帰りや稲刈り綿摘みも日本軍が保護していた

戦後、「南京大虐殺」を言い募る学者やジャーナリストに、虐殺数の数合わせのために「日本軍は南京までの経路で虐殺を繰り返して進軍した」と公言している人がいます。

そこでこの項では、上海戦での死闘に次ぐ死闘、悪戦また悪戦の連続で死者九一一五名、負傷者三万一二五七名を出した日本軍が、非戦闘員の民間人をどのように処遇していたかを、『朝日新聞』の記事とともに検証することにしました。

松井大将は、上海附近の戦闘に際し、次の訓令を出していました。

「上海附近の戦闘は専ら我に挑戦する敵軍の※戡定《かんてい》を旨とし、所在の支那官民に対しては努めて之を宣撫愛護するべきこと」(※戡定＝敵を討って乱を鎮めること)

この記事は、江南の交戦地区の畑に秋の稔りを迎え

東京朝日新聞　昭和十二年十月二十一日（木曜日）

戦線の平和郷

1

“日の丸部落”とは？

江南の交戦地區は今や荒涼の状態である、しかし農民の影一つ残さず、たゞうつろな秋……りなかに二つのみであるが、こゝに二つの異例が生み出された、その一つは寶山縣羅店鎮で月浦鎮から東へ二里、……の闇を破つた焼け残りの村で、今では“日の丸部落”と名付けて四百人ばかりの支那人老若男女の農民が皇軍の保護の下に……、子供達は嬉々として遊び戯れ、戦線の一隅とは想像されないほどの平和な農村風景を現出してゐる、いま一つは寶山城外約八町離れたところの約八百名の一團で彼らは皇軍から農作指導員までつけられて遅ればせの太平農民の秋を求めようとしてゐる＝十月十七日付夕刊参照

寫眞説明　❶優しい兵士に愛撫される子供達❷と❸皇軍保護の下に樂しい棉の收穫❹平和になつた村へ歸る子供達（先頭は村唯一の通譯の羅廷明少年）＝熊崎特派員撮影

『朝日新聞』（1937年10月21日）

ていても、農民が避難して姿がまったく見えないなか、寶山県にふたつの異例の集落があったことを記事にしています。

日本軍と村民の通訳を務めているのは十七歳の少年で、日本人が経営していた上海の「おでん屋」で覚えた流暢な日本語を使って、農民達と日本軍の間を取り持っていたことを報じています。

その少年に、日本軍は「日給五十銭と云う高給」を支払っていたとも記載され

ています。
記事を直接読んでいただくとよく分かりますが、畑と集落の行き帰りや稲刈り綿摘みなども日本軍が保護していたことがよく分かります。
この記事は、『朝日新聞』だけでなく『アサヒグラフ』（一九三七年十一月十日・第一九号）でも報道されていました。それにもかかわらず、一九七一年八月から十二月まで『朝日新聞』に連載された「中国の旅」の執筆者として一躍有名になった本多勝一氏は、『中国の日本軍』（本多勝一著、一九七二年）の第四部「南京大虐殺」のなかで、三四ページの写真と同じ写真を掲載して「婦女子を狩り集めて連れて行く日本兵たち。強姦や輪姦は七、八歳の幼女から、七十歳を越えた老女にまで及んだ。」と捏造キャプションをつけ、

日本兵に守られる中国の農民（揚子江付近、『アサヒグラフ』1937年11月10日号より）

「集団で輪姦された上、皆殺しにされた現場の写真↓」と続け、矢印をつけたページを見ると、裸の集団虐殺写真を見開きで大きく掲載しています。

同書は、前年の「中国の旅」の写真版を意識して出版したと思われますが、写真の撮影者や年月日・場所を明らかにしていません。

そして冒頭には、「日中両国人民の真の友好促進のために本書をささげる――著者」、そして最後に「一九七二年七月七日（七・七事変の日）」とあり、「南京大虐殺」があったと叫んでいた者たちは、日支事変の起点を盧溝橋事件に特定したいとの思いがにじみ出ています。

同書が発行された年月日は一九七二年七月二十日で、同九月十日には第五刷りになっていました。

同書が贖罪意識を煽ってから約二カ月後の九月二十九日に日中共同声明が調印され、外交関係が樹立されました。それはまた、日中間で戦後の情報戦がスタートしたことを意味していたのです。

毒ガス彈下を衝く――
人馬・マスクで進擊

【〇〇にて濱野特派員十八日發】十七日午後十一時半記者は〇〇方面〇〇部隊の最前線の壕の中に勇士と共に假睡の夢を結んだ、陰曆十四日の觀月は浮雲一つない澄み切つた大空に皎々たる光を放つてゐる、冷たい風が壕の上の草をゆるがしてゐる、足の先、手の先、そして顏が無氣味な夜氣に撫でられて急に緊つて來る、敵前二百五十メートル――ヒユツ、ヒユツと小銃彈、機關銃彈が引つ切りなしに壕の上を飛んで行く、ヒユンと云ふ唸りがしてあちこちに敵の

砲彈 が時折大地をゆるがせる、砲撃と砲撃の間の一瞬急に靜かになるとチチチと秋虫の聲、兵隊さん達は鼾をかいてよく眠つてゐる、壕の疲れであらう、其時である、壕の一隅から、「おいみんな防毒マスクをつけろ」と鋭い聲が傳はつて來た、俄然壕内はざわめき立つた、月明とは言へ暗闇に近い壕内をみんな手探りで防毒面を出してつけて居るのだ、戰友のつけるのを手傳ふもの、一しきり彈丸の下で大騷ぎである

その時記者は「しまつた」と思つた、いつも携帯する防毒マスクを今日は彈雨を冒して最前線へ入つて行くので、後方へ殘して來てしまつたのだ、部隊長に聞くと「今〇〇から直ぐ近所の友軍の前線へ敵が盛んに毒瓦斯彈を射込んで困るといふ報告が來たのだ」といふ、記者がマスクを置き忘れたのを話すと「よし直ぐ取寄せてやる」と一兵士を

後方 へ走らせてくれるのだ、彈丸の中を記者は感激して無事に戻つて來てくれるのを待つて居た、二十分、二十五分、三十分、やつと歸つて來てくれたマスクを持つて……記者は感激に震へつゝ早速これをつけた、そして又壕に寢込んだ、どこかで「馬も直ぐ防毒用意」といふ叫びが揚がる、一しきり又ざわめく、やがて兵士達はみんなマスクをつけたまゝ寢込んでしまつた、見渡すと月光に照らされて何とも言ひ得ないグロテスクな光景である、毒瓦斯が來てももう大丈夫、安堵して記者も眠ようとしたが今度は寢苦しい、一時間ほどうとうととしたと思つたらもう曉が來た朝日が照り出した頃、わが部隊は一齊に突撃に移つた、みんなマスクをつけて彈雨の中を勇猛に前進して行くのだ

敵兵の靈を弔ひ
戰線"地藏流し"
御坊部隊長の慈悲心

【〇〇にて齋藤(一)河村両特派員十八日發】十八日の夕闇〇〇クリークの畔で記者は珍しい行事を營む十數名の兵隊さん達に出會した、軍服に袈裟をかけ珠數をつまぐる部隊長の讀經の響りに十數名の兵隊さん達が口々に經を唱へながら小さな紙切をクリークに流してゐるのである、ズラリと並んだ〇〇砲がさつきから

天地 を揺がして物凄く砲撃を續けてゐるのだ

白井部隊の高橋宥順少尉は東京市下谷區谷中初音町一ノ二三眞言宗觀智院住職である、高橋少尉は事變勃發と共に法衣を脱ぎ捨て出征したが同少尉の行李の中には百萬遍の延命地藏御影が入つてゐた、そして白井部隊の全員に配布し大砲一發を發射する每に御影一枚宛を挾ませ、一日分をまとめては每日河に流させるのだ

事變以來一日も欠かさず續けられてゐる、この法事の謂はれを高橋少尉は

次の 如く語るのであつた

吾々は每日敵陣目がけて〇〇彈を打つ放して居る、どかんと一發行く度に幾人かの支那兵が吹飛ばされ死んで行くのだ一體佛敎は蟻一匹を殺しても地獄に墮ちるとある程慈悲の教へであるが吾々は明けても暮れても物凄い人殺しをやつて過ごして居る、然しこれを可哀さうだとか無慚だとか感ずる上に御佛の大慈悲があることを知らねばならぬ、これは死んで行く支那兵の靈に對し阿彌陀さまの加護を祈る心からであつて部隊長もよく私の氣持を理解して每夕のこの法事にも參加してくれて居ります、要するにこの大戰爭を人類最高の聖戰として淨化しなくてはならないのです

なほ高橋氏には妻幾子さん(二七)長男隆顯君(二つ)があり栃木縣の出身、豐山中學から豐山大學に進み卒業してゐる【寫眞は高橋少尉】

『朝日新聞』(1937年10月20日)

毒ガス使用の実態と敵兵の追悼

戦後の『朝日新聞』では、毒ガスを使用したのは日本軍となっていますが、その実態は真逆だったのです。そして、悪戦苦闘の戦場においても戦死した敵兵への慈悲深い姿を報じていました。

日本兵と中国の子供（江南地方、1937年11月6日。『支那事変写真全集』〈中・上海戦線〉朝日新聞社、1938年3月』より）

交戦地区の子供たちも日本兵を怖がっていなかった

前ページの日の丸部落の子供たちも、この写真に見る子供たちも、日本兵を怖がっていなかったことは、女児が、はにかみながら手を伸ばして、キャラメルをもらっている姿が微笑ましいですね。

現在も当時も、中国人は、クチコミを信じ軍隊を信用しない伝統があるが、当時、蔣介石が抗日宣伝をしていても、いざ戦争になった後は、日本軍への信頼がクチコミを通して一挙に広がっていたことを物語っている一枚です。

けふ午前中に避難を勧告

南市住民に布告す

【上海特電十日發】第三艦隊報道部發表(十日午前十一時半)=帝國海軍は陸軍の南市殘敵の掃蕩に協力、十日午後以後これを攻撃するを以て一般市民は午前中に安全地帶に避難する樣通告せり

日本軍に感謝

上海英字紙の論評

【上海十日發同盟】上海包圍陣完成により上海市内の安全が確保されることゝなつたがこれに對し十日附英字紙上海タイムスは「日本軍に感謝せよ」と題して大要左の如き論説を掲げた

三ケ月に亘る戰闘の後日本軍は遂に租界を戰爭地區から切り離し租界並にその附近を完全に確保した、この事態に對し上海人は日本軍に感謝しなければならぬ、何となれば支那軍の撤退により數百萬の上海居住の非戰闘員に對する危険が非常に減少されたからである、而に遺憾なのは支那軍が撤退に際して放火したことでこれは軍事上には必要であるとしてもこの光景を見る者には遺憾に堪へない、日本軍の上海包圍と共に幾多の行政上

或は政治上の問題が發生した、吾人はこの際上海人士がステーツマンシップを發揮されんことを希望する、かくて初めて平和と協同が誘致されるであらう

『朝日新聞』(1937年11月11日)

上海英字紙が日本軍に感謝

この記事は、右側に掲載した写真の子供たちの姿が、偶然でないことを示しています。

上海戦当時、中国は上海市内を無差別に爆撃する一方、日本軍は、残敵掃討をするので一般市民は安全地帯に避難するよう勧告していました。日支事変の知識を『朝日新聞』や教科書で形成された方々は、目が点になる記事が「英字紙が日本軍に感謝」でしょう。「租界を戦争地区から切り離し租界並びにその附近を完全に確保した。この事態に対し上海人は日本軍に感謝しなければならぬ。何となれば支那軍の撤退により数百萬の上海居住の非戦闘員に對する危険が非常に減少されたからである」と報じています。

『朝日新聞』（1937年11月19日）

日本軍を信頼して続々と戻ってきた避難民

この写真特集は、「日本軍が制圧した地区が安全になった」と安心して続々と舞い戻ってくる避難民を写したものです。『朝日新聞』は当時、『アサヒグラフ』や『上海戦写真集』などでも様々な写真を掲載していました。

現在、それら南京攻略戦の写真は、一部の写真集と『朝日新聞』の縮刷版でしか確認できないが、実際、朝日新聞社内には戦時中のフィルムを大量に所蔵しているのであり、この四十年間の罪を認めてすべて公開する責任があるので

す。

これら上海周辺の記事や写真を見て納得できるのは、天安門事件（一九八九年）後に共産党中国を棄てるように上海地域から留学してきた者から聞いた話と、『朝日新聞』の写真や記事が符合していることです。

当時、筆者は知り合った中国人留学に「日本人は残虐だと教育されたと思っているが、何故日本を選んだのか」との趣旨で質問していました。

その中で印象的だったのは、公務員の娘さんが「祖母は清時代からの上海を知っていて『最悪なのは共産党のいまの時代』と言っていました」とか、工場経営者の息子さんが「母が『上海から蒋介石軍がいなくなって日本軍が来てから夕方、街にいても安全になった』と語っていた」など、様々な話を聞いたことです。中でも一番驚いたのは、おじいさんが蒋介石軍の将軍だったお孫さんが、祖父から「日本軍は軍紀が厳しく、信頼できた」と聞いたことをにこやかに話してくれたことです。実際、ここまでの話をしてもらえるには、家族的な付き合いなしにはできません。

第一萬八千五百三十八號

南京は大混亂（米紙報道）

蜿蜒續く避難者群

絶望的パニック状態

【ニューヨーク特電十七日發】ニューヨーク・タイムス南京特電十六日發によれば南京政府首腦部に軍事最高首腦部は豫想以上の日本軍の大勝利と進軍の迅速なるに對して大恐慌を呈し南京陷落の危機迫るとなして急遽遷都準備に着手するや民衆も亦身邊の危險を豫感して陸續として避難を開始し、市中の道路といふ道路はこれら避難民を乘せた自動車、人力車、荷馬車、一輪車その他ありとあらゆる乘物の一大博覽會場と化し、いづれも家財道具一式を山と積んで右往左往する態は何にたとへやうもない、全く第一回の日本海軍機空襲當時の大混亂以上だ、悲鳴をあげて逃げまどふ無數民衆の大避難の光景は更に下關に沿道と續き揚子江岸には埠頭といはず、船といはず、蟻の如く避難民がこびりついて漢口方面へ安全地帶を求めつゝ運命を雲と水に託してゐる、かゝる間政府首腦部は十六日終日重要會議を續行して最後の對策に腐心し要人を乘せた政府公用の自動車が物々しく避難民衆の中を縫り拔けて異常の狂奔を呈した

避難民衆は日本軍が今にも空、陸、水の三方から襲撃して來ると戰々兢々、我れ先にと爭つて奧地へと逃れつゝあるが鐵道、汽船のいづれもこの大量の避難民を一時に移動することは到底不可能の状態である、しかもこの交通機關の不足は政府の高級官吏や富裕階級者達がその特權と財力を利用して自動車、汽船等を借切るため益々一般民衆の混亂を増大せしめ絶望的なパニック状態を展開してゐる

英大使館は上海へ

米獨在留民も退去準備

【ニューヨーク特電十六日發】ニューヨーク・タイムス紙南京特電によると南京在留アメリカ人五十六名は數日中に全部南京を引揚げることとなり十六日から準備に取りかゝつた、又米砲艦ルソン號、オアフ號は米國大使館よりの通告を受けて南京に急行した、ジョンソン大使以下大使館員は近く漢口へ向け出發し南京には書記官一名を殘留せしめる、英國大使館では逆に揚子江を下つて上海へ出ることを考慮してゐるやうである、ヘウ代理大使は右に關し十六日次の如く語つた

もしも日本軍が南京攻略に成功したならば支那軍は南京上流の揚子江上數ヶ所に水雷を敷設するものと考へられるから南京よ

『朝日新聞』（1937年11月18日）が報じた『ニューヨーク・タイムズ』の特電

「南京はパニック」と報じていた『ニューヨーク・タイムズ』の記事

1996年8月、筆者は「南京大虐殺」を経験したという中国人被害者の証言が聞けるシンポジウムに参加しましたが、その証言は一様に「日本軍が入城してくるまで、平穏無事に生活していた」とのことでした。

しかしこの記事では、南京城陥落の約１カ月前に「……日本軍が今にも空、陸、水の三方から襲撃して来ると戦々兢々、我れ先にと争って（中略）絶望的なパニック状態を展開している」と報じていたのです。

第一萬八千五百四十五號

無名戰士よ眠れ

抗日の世迷ひ
にのせられた
は言へ、敵兵もまた華と散ったのである、曠野に骸を横たへて風
に曝された哀れな彼等、が勇士達の目には大和魂の涙が浮ぶ、無
の敵戰士達よ眠れ！白木にすべる筆の運びも彼等を思へば暫し
優しき心の墓標だ＝北支戰線にて＝小川特派員撮影

『朝日新聞』（1937年11月25日）

敵の戦死者を慰霊するのは日本軍の伝統だった

この記事が特別珍しいことでないことは、三五ページの記事と内容が重複していることで理解していただけることでしょう。

しかし、前掲記事は「〇〇にて齋藤―河村両特派員」で、今回の記事は「北支戦線にて」となっており、〇〇の場所は特定できませんが、七〇ページの記事も河村特派員の署名記事ですので、南京攻略戦前の上海戦線の記事と想定できます。

このことは、日露戦争のとき、乃木大将がロシア軍の戦没者将兵の墓をまず建立し、そのあとに日本軍将兵の墓を建立して、三年後に日露両軍の慰霊祭を催行したことに通じています。

日支事変当時、それぞれ司令官が違っていても日本軍に脈々と引き継がれてきた美徳として誇れる記事です。

ちなみに、松井大将は帰国後、南京攻略戦の激戦地の土を取り寄せ、南京城陥落から三年後の一九四〇年、熱海市伊豆山に「興亜観音」を建立し、日中両戦没者将兵の慰霊を東京裁判で起訴されるまで続けていたのです。

日本軍を乗せて操船する中国人

この写真のキャプションは「丹陽へ入場する片桐部隊」となっていますが、常州→丹陽→句容の進軍経路は『毎日新聞』の捏造記事が元になり、敗戦後、南京雨花台で処刑された向井・野田両少尉が所属した第十六師団の経路と同じです。

丹陽へ入場する片桐部隊（『支那事変写真全集』〈中・上海戦線〉朝日新聞社、1938年3月より）

句容に入る大野部隊（一九三七年十二月五日、『支那事変写真全集』〈中・上海戦線〉朝日新聞社、一九三八年三月より）

句容に入る大野部隊

『毎日新聞』「百人斬り競争」の記事を捏造した浅海記者は、四回の連載記事の第三報を十二月五日に句容で執筆したことになっています。

ところが東京裁判の検察官尋問調書では、浅海記者は十二月十日に南京城から見て句容より先、約四〇キロメートルも遠い丹陽にまだいた、と証言していたのです。

この一点だけでも、浅海記者が同記事を捏造したことを証明できるのです。

また、向井・野田両少尉が所属していた富山大隊は、句容を通らず北側を進軍していました。笑い話になりますが、句容からの第三報は、浅海記者も向井・野田両少尉も句容にいなかったにもかかわらず、「全員がいた」こととして報道されたのです。

蒋介石が部下を置き去りにして南京から遁走

この『朝日新聞』記事は「上海外国人有力筋の情報」となっていますが、後日、この情報が正しかったことが証明されています。

蒋介石は、遁走する前の一九三七年十一月三十日の日記に「抗戦の果てに東南の豊かな地域が敗残兵の掠奪場と化してしまった。戦争前には思いもよらなかった事態だ（中略）撤兵時の掠奪強姦など軍紀逸脱のすさまじさにつき、世の軍事家が予防を考えるよう望むのみだ」（二〇〇七年五月二十五日付『産経新聞』）と記しています。

このような蒋介石軍の敗残兵が、南京城内に雪崩《なだ》れ込んでいたのです。要するに戦後、『朝日新聞』などが報じていた「掠奪強姦」は、蒋介石軍の敗残兵の仕業だったことを、蒋介石自身が日記に書き残していたのです。

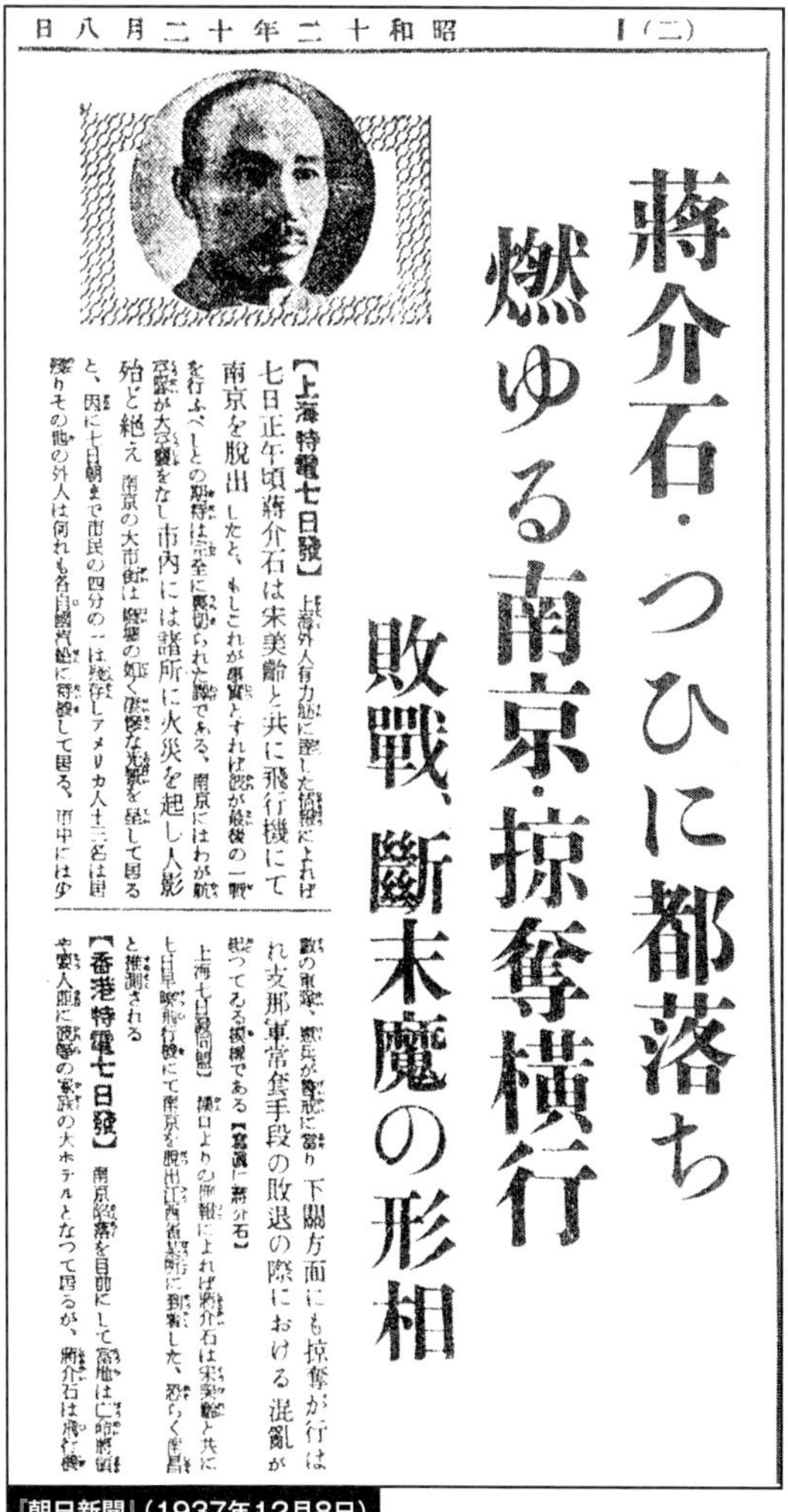

昭和十二年十二月八日　（二）

蔣介石・つひに都落ち
燃ゆる南京・掠奪横行
敗戰、斷末魔の形相

【上海特電七日發】上海外人有力筋に達した情報によれば七日正午頃蔣介石は宋美齡と共に飛行機にて南京を脱出した、もしこれが事實とすれば既に最後の一戰を行ふべしとの期待は完全に裏切られた譯である、南京にはわが航空隊が大空襲をなし市内には諸所に火災を起し人影殆ど絶え 南京の大市街は廢墟の如く凄慘な光景を呈して居ると、因に七日朝まで市民の四分の一は殘存しアメリカ人十三名は[illegible]その他の外人は何れも各自國汽船に待機して居る、市中には少數の軍隊、敗兵が警戒に當り 下關方面にも掠奪が行はれ支那軍常套手段の敗退の際における混亂が起つてゐる模樣である

【[illegible]に蔣介石】上海七日發同盟】漢口よりの情報によれば蔣介石は宋美齡と共に七日早晩飛行機にて南京を脱出し江西省某所に到着した、恐らく南昌と推測される

【香港特電七日發】南京陷落を目前にして當地は亡命要人や要人[illegible]の家族の大ホテルとなつて居るが、蔣介石は飛行機

『朝日新聞』（1937年12月8日）

南京全市焼却説に恐怖戰慄の市民

建築物を續々破壞

【ニューヨーク特電七日發】ニューヨーク・タイムス紙南京特派員は斷末魔の南京を繞る慘憺たる光景を次の如く報じてゐる

首都陷落を前にして支那軍は尚も最後の足搔きに必死となつてをり七日も南京市外十マイルの地域内にある全村落に火を放ち日本軍の進擊に便宜を與へるやうな物はすべて燒拂はんとしてゐるため南京市は濛々たる黑煙に包まれてしまつた、記者は自動車を驅つて南京市東部の前線へ視察に赴いたが中山門を出ると陵墓陵園の彼方の低地は一面猛火の海と化してをり燒け落ちた家々からは今まで踏み止まつてゐた村民の群が僅ばかりの家財道具を背負つたり小脇に抱へたりしてよろめきながら城內指して逃げ込んで來る、彼等は時々立止まつて燒けて來た我家の方を振返つては悲しげな顏で溜息を吐いてゐる

支那軍は今となつても首都防衞の最後の一戰を交へる決心と見え城壁外の東部及び南部の地域に晝夜兼行で塹壕を掘り交通壕を作り橋を架けバリケードを築き大砲陣地の運搬に急がしく働いてをり道路といふ道路は到るところ隊伍を組んで進む兵士で滿ち〳〵てゐる城壁內にも今や必死となつて最後の防禦工事を施してゐる城內は恐らく土囊やセメントで厚さ二十フイートもある胸壁が構築され自動車がやつと通れるだけの通路が開けられてゐるばかりだ、七日はとき〴〵前線からの砲聲がハツキリ聞えて來てこれが既に怯え切つてゐる南京殘留民を一段と緊張せしめた、城內の支那軍は先日各射的場で行つてゐた機關銃射擊演習をまた盛んにやり出し一般の戰爭氣分を彌が上にも昂めてゐる

米國の飛行機買込人I・L・ペタソン君は上海を出發し十日間の旅行を續け六日鎭江に達し七日夕南京に到着したが同君の談によると戶數二萬を有する鎭江は全市火炎に覆はれてゐる、そしてこれは支那軍自身の手によつて放火されたもので日本軍の猛擊を免れた目拔きのビルデイング街からも不氣味な黑煙が立ち登つてゐると

ペタソン君は通州から艱難辛苦揚子江北岸を辿つて南京を距る十六マイルの新設防塞に達しそこから支那ジヤンクに乘つて當地に到着したものである、同君の談によると此新設防塞なるものは單なる小舟を針金で連結したものでこれに敷設水雷が仕掛けてあることは疑ふ余地はないがしかしそれを取除いて突進むことは大して困難なことであるとは思へなかつた、南京は既に戰爭區域內にある事を物語り諸般の設備も次第に破壞されて行き電力も停り市內各方面の電話も多くは不通となつてゐるが水道は辛うじて異狀無きを得てゐる交通機關は人力車さへもその姿をかくし全く杜絕えて了つてゐる、市內の郵便物取扱も七日を以て中止となつた、南京全市燒却說は市當局で日々これを否定してゐるにもかゝはらず大袈裟に根强く行はれ大なる恐慌の原因となつてゐる

『朝日新聞』（1937年12月9日）が報じた『ニューヨーク・タイムズ』の特電

『ニューヨーク・タイムズ』が報じた支那兵による南京の破壊と放火

前ページで蒋介石が自軍の無秩序を嘆いていましたが、『ニューヨーク・タイムズ』のT・ダーディン記者が、それらの一部始終を記事にしていました。

その内容は「七日も南京市外十マイルの地域内にある全村落に火を放ち日本軍の進撃に便宜を与へるやうな物はすべて焼払はんとしているため南京市は濛々たる黒煙に包まれてしまった（以下略）」と記し、南京以外でも、戸数二万の鎮江の全市が支那軍に放火されたことを報じています。

昭和十二年十二月十日　(金曜日)

(第三種郵便物認可)

日本に渡す"廢墟南京"
狂氣・支那の焦土政策
數十億の富抹殺
(外國軍事專門家の觀察)

【ニューヨーク特電八日發】ニューヨーク・タイムス南京特派員はまさに陷落せんとする南京にある專門家の觀察を八日次の如く報道してゐる、即ち南京に踏み止まつてゐる外國軍事專門家は最近四、五日間に亘つて城外並に近郊の支那軍防備狀態を視察したがその狀況には度膽を拔かれてゐる形である、即ち支那軍は何等の軍事的目的もなくたゞ矢鱈にありと凡ゆる事物をぶち壞し燒拂つてゐるのであつて專門的見地からすれば全く無意味で了解に苦しむものでそれは支那軍を毫も益せぬと同時に日本軍にとつても大した痛痒を與へぬと見るが至當である、たゞ建物が一軒もないので日本軍はこれを宿營に當てることが出來ず、テントを使用せねばならないと云ふ不利があるのみだ、それならば何故かう云ふ無謀が敢て行はれつゝあるか、この唯一の說明は支那軍がこの破壞行爲によつて僅にその憤懣を漏らしてゐると云ふ怖るべき事實である、支那軍の上下を通じて存在する『日本軍には敵はぬ』と云ふ劣性意識は彼等を驅つて狂氣の如き殘忍行爲をなさしめその犧牲は單に町や村落のみに止まらず市にさへも及んでゐる、其昔ヂンギスカンの大軍が嘗ては榮華を誇つた數々の大都市を一變して焦土と化せしめて以來現在揚子江下流沿岸地方において行はれつゝあるが如き組織的な破壞が支那人自身の手によつて行はれたことは嘗てないのである、日本軍の空襲、砲撃の與へた損害は殆んど軍事施設に限られてをり、これを全部合せてもなほ支那軍自身の手によつてなされた破壞の十分の一にも足らぬであらう

これは中立國の一軍事專門家が予(ニューヨーク・タイムス特派員)に語つたところで同氏は更に語をつぎ

支那軍が今やつてゐることから推して自分は次のやうな結論に達せざるを得ない、即ち支那は今後百年或ひはそれ以上この土地の支配權の恢復を全然豫期してゐないもののやうだ、それだから彼等は仇敵の所有に歸すべき

『朝日新聞』(1937年12月10日)が報じた『ニューヨーク・タイムズ』の特電

支那軍の焦土政策まで報じられていた

ダーディン記者は、翌日も南京城内外の記事を配信していました。

戦後、『朝日新聞』や教科書で教えられていた焦土政策が、すべて支那軍によるものだったことを『ニューヨーク・タイムズ』が報じています。

そして、ここが大事ですので、正確に一部抜粋します。「日本軍の空襲、砲撃の與へた損害は殆んど軍事施設に限られてをり、これを全部合せてもなほ支那軍自身の手によつてなされた破壊の十分の一にも足らぬであらう」。

そして、ダーディン記者はレポートで「蒋将軍はあのような大混乱の起こるのを許すべきではなかった。確かに唐将軍も自分が最後までやり通すことができず、とどのつまりは不首尾に終わった。犠牲の道に踏み出したことは強く非難されるべきである」（『日中戦争史資料』第九巻、二九四ページ）

要するにダーディン記者は、南京の混乱の責任は、支那軍最高司令官の蒋介石将軍と南京防衛司令官の唐生智将軍が遁走したことにある、と批判していたのです。

この土地を思ふ存分荒廢せしめてゐるのであると、今支那の採りつつある焦土政策は敵に對する最善の策とは決して考へられぬ

何となればその敵は確かに一時的には侵入者であるには違ひないが決してこの土地を植民地にして了はうとは考へてはゐないのだから、支那軍によつて破壊されたところのものは即ち彼等祖先が額に汗して孜々勉勵刻苦、何代かに亙つて蓄積したものなのである

氣狂ひ沙汰としか思はれないこの都市、村落の燒拂ひを主張する人々はかくすることによつて現在までに蓄積された數十億の富が根こそぎに抹殺され、もし破壊されなかつたならば近い將來支那政府がこの地方より租税を取立てることが出來、よつて戰後國力回復の爲財源を求め得るものであるといふことを考へようともしない、この地味豐饒でしかも世界で最も人口稠密な地方は國家財政にとり有力な財源供給地であるが今や猛火の下に消え失せつゝあるこの地方の復興のためには巨額の經費を必要とするであらう、現在の支那軍の行爲を納得させる唯一の説明ともいふべきものは例の古來からの東洋思想たる「面子を救ふ」といふことを持出すことであらう、即ち支那軍は退却に當り不毛の原野や黒煙立登る廢墟を後に遺してこれを日本軍に占領させた方がたゞ空しく退却するよりは彼等の威信を昂めるものだと信じてゐるのだ、この考へ方は戰鬪地域に住む數百萬の支那住民の福祉を全然無視するものだ、今や日本軍の進撃を前に奥地に殺到する避難民は數百萬に達してゐるが支那政府が彼等を救濟しようとしても何事をもなし得ぬ今日彼らは如何にしてこの冬の衣食住を得んとするかこれは想像に余りあるものがある

敗走兵遁入を禁止
南京城外に地獄圖

【上海九日發同盟】南京外廓の各戰線にて負傷した支那兵は數日來續々南京城内に殺到し來つて居るが南京陥落いよ〳〵迫ると知つた南京衛戍司令唐生智は昨八日遂に各城門に縋りつかんとする敗殘兵及び負傷兵の遁入を一切禁止した、これがため敗殘兵及び傷病兵等は哀れな姿を寒風に曝されながら城門外をうろ〳〵彷徨し慘憺たる地獄風景を展開して居る

「世界地図集」：1960年4月第1版・北京市地図出版社

皇軍・最後の投降勸告

けふ正午迄に回答要求

諄々南京敵將を諭す

【上海特電九日發】上海軍九日午後七時發表＝松井最高指揮官は本日正午飛行機により南京防衛司令官に對し投降勸告文を投下し十日正午までに回答を要求せり

【上海九日發同盟】松井最高指揮官より本日正午南京防衛司令官唐生智に宛てた投降勸告文全文左の如し

勸告文全文

日軍百萬既に江南を席巻せり、南京城は將に包圍の中にあり、戰局大勢より見れば今後の交戰は只百害あつて一利なし、惟ふに江寧の地は中國の舊都にして民國の首都なり、明の孝陵、中山陵等古蹟名所蝟集し宛然東亞文化の精髓の感あり、日軍は抵抗者に對しては極めて峻烈にして寛恕せざるも無辜の民衆および敵意なき中國軍隊に對しては寛大を以てしこれを冒さず、東亞文化に至りてはこれを保護保存するの熱意あり、しかして貴軍にして交戰を繼續せんとするならば南京は勢ひ必ずや戰禍を免れ難し、しかして千載の文化を灰燼に歸し十年の經營は全く泡沫とならん、よつて本司令官は日本軍を代表し貴軍に勸告す、即ち南京城を和平裡に開放ししかして左記の處置に出でよ

大日本陸軍總司令官　松井石根

本勸告に對する回答は十二月十日正午中山路句容道上の歩哨線において受領すべし、もしも貴軍が司令官を代表する責任者を派遣する時は該處において本司令官代表者との間に南京城接收に關する必要の協定を遂ぐる準備あり、若しも該指定時間内に何等の回答に接し得ざれば日本軍は已むを得ず南京城攻略を開始せん

支那軍への投降勧告文（『朝日新聞』1937年12月10日）

投降勧告を拒否した唐生智南京防衛司令官の責任

蒋介石最高司令官が南京を放棄して遁走したのち、南京の防衛は唐生智将軍に委ねられていました。

日本側は、一九三七年十二月九日、空から「投降勧告文」を投下して、翌十日正午に軍使四名が予定地で待っていたのですが、唐司令官が拒絶したことで南京城を攻撃することになったのです。

歴史的に「投降勧告文」の投下は、降伏を受け入れて無駄な混乱と悲惨な状況を回避する手段として、多くの有能な司令官が選択してきたことです。

勝海舟の江戸城明渡しや、シンガポールのパーシバル中将のように投降を受け入れていたら、現在まで続く南京問題は存在しなかったのです。

勧告文を一読すると、松井大将が中国を愛してやまない気持ちが伝わってきます。松井大将は陸軍大学校を首席で卒業したにもかかわらず、エリートが行く欧米ではなく自ら愛する中国を希望し、北京、上海など中国に十六年間、駐在武官として赴任していました。

ここまで「南京問題」が継続している実態を冷静に見ると、戦争で日本に勝てなかった中国は、自ら国土を破壊し尽くした責任のすべてを日本側になすりつけるため、情報戦の道具として自ら南京の混乱を望んだ戦略だったのでは、と思えるところもあります。

東京朝

嚴然・降伏を待つ
中山門、光華門、通濟門に達し
陥落いまや一押し

【南京南方湯山街道上にて本社前線通信本部九日發】南京四周の堅陣を粉砕して南京城を攻撃中の我部隊の一部は九日午後三時頃中山門外に達し他の一部隊又光華門、通濟門外に到達、こゝに江南の野を席巻したわが皇軍は待望の南京城々壁外に駒を止め、光榮ある日本武士道によつて敵の降伏を待つてゐる

【東善橋にて九日發同盟】九日朝京蕪國道の板橋鎮を奪取した岡本(鎮)部隊の先鋒は午後四時早くも西善橋に達し南京城外二キロの地點に肉薄、更に進撃中である

『朝日新聞』(1937年12月10日)

不法！毒ガスで逆襲

【光華門外十一日發同盟】十一日夜半より今曉にかけて光華の伊藤部隊正面に大逆襲し來つた敵は城壁を奪回せんと必死の勢ひ物凄く手榴彈機關銃の外催涙彈を雨注し來り我が将兵は直ちに防毒面をつけて應戰一時は非常な苦戰に陥つたが肉彈戰を以て之を撃退し十二日黎明を迎へたのであつた、この夜襲戰で斷末魔の敵はいよ〳〵本格的毒ガスを以て抗戰し來れること明かとなつた

『朝日新聞』（1937年12月12日）

戦時国際法に違反して「毒ガス」を使用した中国

戦争といえども「国際法」にのっとって闘うのが近代戦のルールです。にもかかわらず、いまだに中国は国際的なルールを無視していることは、皆様もご承知の通りです。

一九八四年十月三十一日、『朝日新聞』は朝刊一面にハガキ二枚分の写真を掲載して「『これが毒ガス作戦』と元将校」との大誤報を記事にしました。これら一連の毒ガス「工作報道」によって、「遺棄化学兵器問題」が外交問題に浮上したのです。

その大誤報写真が、たんなる煙幕だったことを明らかにしたのは『産経新聞』でした。

日本も批准していた一九二五年のジュネーブ議定書で、化学兵器の使用は禁止されましたが、「研究・開発・備蓄」は禁止されていなかったことを承知しているか否か、との筆者の質問に対して、『朝日新聞』広報部は、二〇〇六年六月十九日に「承知しています」と回答してきました。それまで『朝日』が報道していた「毒ガス演習書発見」などの報道は政治宣伝だったことを、自ら認めるかたちになったのです。

『東京日日新聞』（現『毎日新聞』）南京取材班の面々（写真一番右が大宅壮一氏、右から二番目が佐藤振寿氏）
佐藤氏の手記より「十二月十二日、南京郊外五頼松（地名） 私は十一日から前線近くの宿舎にいた。そこへ南京支局長の志村氏がひょっこり訪れてきたので、米が欠乏していることを告げると、近くに本社の前線本部があるからと言うので行くことにした。着いてみたら東京で旧知の大宅壮一さんがいたのには驚いた。ここで食料を補充した後、大宅さんが前線に行きたい、と言うので、われわれの宿舎まで案内することにした」

歴史の真実を撮影したカメラマン

この写真を含め、南京城内の写真は『東京日日新聞』のカメラマン、佐藤振寿氏からご存命中に託されものです。

佐藤氏が若くして報道写真の世界に飛び込んだのは、お父上が我が国の草分け的報道カメラマンとして活躍していらっしゃった関係で、自然に就いていたとのことです。

ここに掲載できた佐藤氏の写真は、個人用に携帯していたライカで写したもの、と仰っていました。

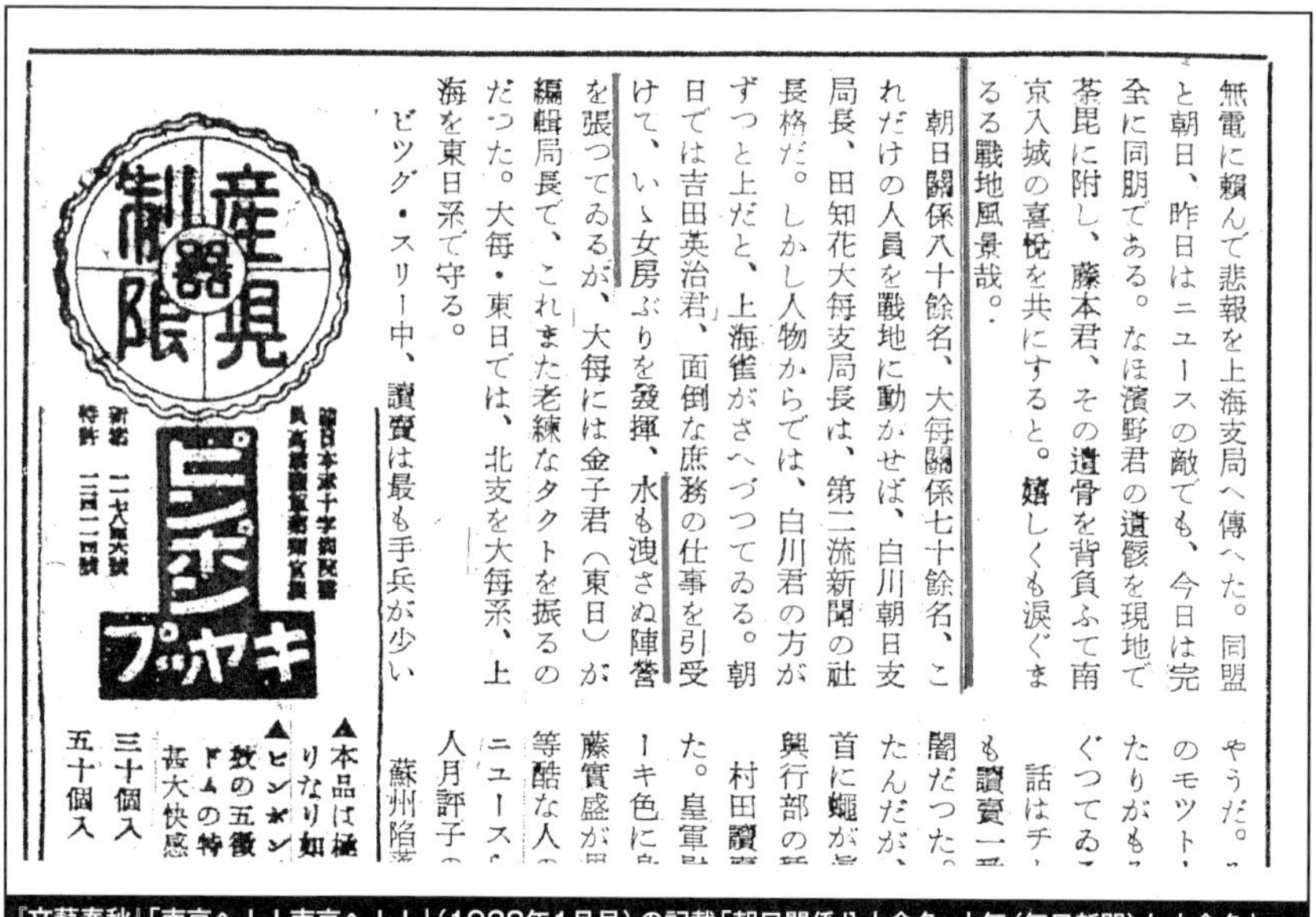
無電に頼んで悲報を上海支局へ傳へた。同盟と朝日、昨日はニュースの敵でも、今日は完全に同朋である。なほ濱野君の遺骸を現地で茶毘に附し、藤本君、その遺骨を背負ふて南京入城の喜悦を共にすると。嬉しくも涙ぐまるる戰地風景哉。

朝日關係八十餘名、大每關係七十餘名、これだけの人員を戰地に動かせば、白川朝日支局長、田知花大每支局長は、第二流新聞の社長格だ。しかし人物からでは、白川君の方がずつと上だと、上海雀がさへづつてゐる。朝日では吉田英治君、面倒な庶務の仕事を引受けて、いゝ女房ぶりを發揮、水も洩さぬ陣營を張つてゐるが、大每には金子君（東日）が編輯局長で、これまた老練なタクトを振るのだつた。大每・東日では、北支を大每系、上海を東日系で守る。

ビツグ・スリー中、讀賣は最も手兵が少い

『文藝春秋』「南京へ！！南京へ！！」（1938年1月号）の記載「朝日関係八十余名、大毎（毎日新聞）七十余名」

水も漏らさぬ報道体制だった

南京攻略戦の取材陣は、陥落前から南京にいて記事を配信していたAP通信、ロイター通信、パラマウント・ニュース、『ニューヨーク・タイムズ』『ロンドン・タイムズ』『シカゴ・デイリー・ニューズ』の各記者もいましたが、南京城内で日本軍が「大虐殺」を行なった、と記事にした者はいません。

現在、中国は南京城内で日本軍が三〇万人を虐殺したと公言していますが、東京の山手線の内側くらいの城内に『朝日新聞』一社だけで八十余名、『毎日新聞』で七十余名もおり、NHKや『読売新聞』その他、地方紙の記者まで入れるとおびただしい数の取材陣が入城していたことになります。

これら取材陣の数であれば、電信柱一本倒れても気づく監視体制であり、陥落後に民間人が一人でも虐殺されていたら、ニュースになっていたでしょう。

撮影：佐藤振寿氏、1937年12月13日、孫文の陵墓「中山陵」
佐藤氏の手記より「中山陵には三つの建物があった。（昭和）十二年十二月十三日いち早くかけつけたのはこの建物で、中には孫文の像があったからである。二年後に南京を訪れた時、この建物の屋根はルリ色の瓦葺きで、人目を引く美しさであった。したがって戦時中は孟宗竹を組んで、日本機の目をカモフラージュしたという」

松井大将は中国の文化財を護る厳命を発していた

松井大将は、孫文とも交流していた日本陸軍を代表する親中国派の軍人でした。また蒋介石が日本に留学してきたときには、下宿の保証人にまでなっていました。

松井大将は中国に深い愛着の念をもっていたのであり、中国の文化財の保持は自然なことだったのです。

この写真は、孫文の像が安置されている建物を下から写したものです。これらの中山陵の建物を保持する厳命を発していたことは、東京裁判において、南京日本大使館の参事官だった日高六郎氏が証言しています。

中山陵を保持した松井大将の指令

前述した東京裁判での日高参事官の証言は、次の通りです。

撮影：佐藤振寿氏、1937年12月13日 佐藤氏の手記より「十二月二十三日 中山門が落ちたとの一報が入った。これは『南京陥落』だ。それを端的に表現するのは紫金山の中山陵を撮ることと思っていた。宿舎から坂道をかけ登ると、なんと建物は竹でかこまれていて、内心がっかりした。最上階の建物の中で孫文の坐像を撮って外へ出た。そこで衛兵を立たせて、南京の遠景を撮った。早朝の低い日ざしが立体的で、南京陥落をとらえていると思った」

「南京市の地図に外国大使館その他外国権益の所在を明瞭にマークしたものを多数作り之を軍隊に配られました。（中略）その地図には更に明孝陵と中山陵とを赤い円で囲み、絶対破壊を避くべき地点であることが記載してありました。

此の二個所の附近では一切大砲を使用することを禁止されたのであります（以下略）」（『速記録』第三〇九号）

この証言を証明しているのが、中山陵を衛兵が守っていた上記の写真です。

南京「中華門」より入城する日本軍（1937年12月13日、『支那事変写真全集』〈中・上海戦線〉朝日新聞社、1938年3月より）

南京城陥落

唐生智南京防衛司令官が十二月十二日、部下を置き去りにして遁走した後、南京城内は支那軍の指揮命令系統が完全に崩壊し、地獄絵さながらの状況になって同十三日に陥落したのです。

松井総司令官は、七カ条からなる「南京城攻略要領」を参謀たちに指令していました。

その中の第七条「南京城ノ攻略及入城ニ関スル注意事項」は次の通りです。

（一）「皇軍カ外国ノ首都ニ入城スルハ有史以来ノ盛事ニシテ永く（竹帛）ニ垂ルヘキ事績タルト世界ノ斉シク注目シアル大事件ナルニ鑑ミ正々堂々将来ノ模範タルヘキ心組ヲ以テ各部隊ノ乱入、友軍ノ相撃、不法行為等絶対ニ無カラシムルヲ要ス」

（五）略奪行為ヲナシ又不注意ト雖モ火ヲ失スルモノハ厳罰ニ処ス　軍隊ト同時ニ多数ノ憲兵、補助憲兵ヲ入城セシメ不法行為ヲ摘発セシム」（一部抜粋）

南京城陥落翌日の城内の模様
「寛容慈悲ノ態度ヲ取リ之ヲ宣撫愛護セヨ」

当時の『朝日新聞』に、南京陥落翌日（十二月十四日）角野特派員が撮影した二枚の写真があります。

この写真から伝わってくる日本兵は、律儀で優しい日本人の姿です。防空壕から出てくる女性が、微笑んでいるのが分かります。また左ページの写真で、布告を几帳面に貼っている姿も日本人らしいですが、直ぐ後ろで上下左右をアドバイスしているように見える兵士も写っていて、のどかな雰囲気が伝わってきます。

『朝日新聞』（1937年12月16日、12月14日角野特派員撮影）

松井大将は、参謀たちとは別に、下士官たちに自ら起草した次の訓令を出していました。

「……特ニ敵軍ト雖モ抗戦意志ヲ失ヒタル者及一般官民ニ対シテハ寛容慈悲ノ態度ヲ取リ之ヲ宣撫愛護セヨ」

陥落後の南京は、多数の敗残兵が戦時国際法に反して「便衣」（一般市民と同じ服を着た兵士）に姿を変えた以外は想定された状況で、松井大将の訓令通りに愛護が実行されたことを、これらの写真が物語っています。

敗残兵は「便衣」に姿を変えた瞬間から、捕虜になる資格を失ってしまうのですが、そんなことなどお構いなし、というのが中国の伝統なのです。

陥落直前（十二月十二日、日曜日）、敗残兵が「便衣」に姿を変える一部始終を『ニューヨーク・タイムズ』のダーディン記者が次のように報じています。

「日曜日の正午……中国軍の崩壊が始まった。第八十八師の新兵がまず逃走し、たちまち他の者がそ

布告を見て喜ぶ南京市民（『朝日新聞』1937年12月19日、12月14日角野特派員撮影）

れに続いた。……将校たちは状況に対処することもしなかった。一部隊は銃を捨て、軍服を脱ぎ、便衣を身につけた。記者が十二日の夕方、市内を車で回ったところ、一部隊全員が軍服を脱ぐのを目撃した……多くの兵士は下関へ向かって進む途中で軍服を脱いだ。……中には素っ裸となって一般市民の衣服をはぎとっている兵士もいた」（『日中戦争史資料』第八巻二八二ページ）とか「日曜日の夕方には……軍服とともに武器も遺棄されて、……下関附近で遺棄された軍装品の量はおびただしいものだった」（『日中戦争史資料』第九巻二九〇～二九一ページ）

この記述には、中国軍がゲリラ化した様子がよく描かれています。

一九〇七年に締結された「陸戦法規」では、民間人が戦争の巻き添えにならないため、民兵と義勇軍のうち、次の条件を満たす者だけに交戦資格が認められていました。「◆部下のために責任を負う統率者があること◆遠方から認識することのできる固有の特殊標章を有すること◆公然と兵器を携行していること◆戦争の法規および慣例に従って行動していること」。

国際法の権威、信夫淳平博士は、悪意ある「便衣兵」などを「非交戦者の行為としては、その資格なきに尚かつ敵対行為を敢えてするがごとき、いずれも戦時重罪犯の下に、死刑、もしくは死刑に近き重刑に処せらるるのが、戦時公法の認むる一般の慣例である」と述べています。

撮影：佐藤振寿氏、1937年12月15日 佐藤氏の手記より「十二月十五日 南京中心部。中山路と中山北路の西側の一区画で場内に残留した南京市民。安全区の中に難民区もあって、ここを訪れた時に両者の識別はむづかしかった。ともかくもバラックの様な家に居留していた。背景の高級住宅と対比すると、難民といえるだろう」

十二月十五日の南京城内の風景

陥落から二日目の南京城内は、すでに落ち着いているように見えます。

陥落前後の城内を、米南京大使館エスピー副領事は、本国に次の報告をしています。「……市民の大部分は……いわゆる『安全地帯』に避難しており、……実際に残留せる支那兵の数は不明なれども、数千の者はその軍服を脱ぎ捨て常民の服を着て、常民に混り市内のどこか都合よき処に隠れたるに相違なきなり」。便衣兵を摘発する困難さが伝わってきます。

また、エスピー副領事が東京裁判に提出した陳述書には「支那兵自身、日本軍入城前に掠奪を行いおれることとなり。最

撮影：佐藤振寿氏、1937年12月15日「十二月十五日 南京中山北路沿いの安全区道路に面した場所で、難民区の中国人が、どこからか古着類を持ち出して商売にしていた。背後は広陵地だったので、防空壕に利用されていたらしく、壕の入口が写真で見られる」

後の数日間は疑いなく彼らにより人および財産に対する暴行・掠奪が行われたるなり。支那兵が軍服を脱ぎ常民服に着替える大急ぎの処置の中には……着物を剥ぎ取るための殺人をも行いしなるべし。また……常民も計画ならざる掠奪をなしこと明らかなり」とあります（東京裁判速記録二一〇号）。

左側の写真で、カメラを避けて立ち去ろうとしている若者は、怪しく見えます。また、古着を並べて商売をしている者の身なりを見ると、彼らの自宅から持ち出した古着には見えません。

撮影：佐藤振寿氏、1937年12月15日 佐藤氏の手記より「十二月十五日 難民区の外側では道路沿いに、自家菜園でとれたものを売っている者もいた」

十二月十五日、南京安全区附近の情景

東京裁判の判決では「南京が占領された後、最初の二、三日の間に少なくとも一万二〇〇〇人の非戦闘員である中国人男女子供が無差別に殺害され、占領一カ月のあいだに約二万の強姦事件が市内に発生した。……」（朝日新聞法廷記者団著『東京裁判』〈下〉）

この判決通り「無差別に殺害」が行われたのであれば、五六ページからの写真に写っている市民は、皆殺しに遭ったことになります。

しかし実際には、陥落から二日目に道端で野菜を売っていたり、水餃子を食べさせる露天ができていたり、東京裁判の判決は荒唐無稽な「作り話」を文書にしたことが

撮影：佐藤振寿氏、1937年12月15日「十二月十五日 南京安全区付近で 中山北路の東側の安全区付近では、水餃子の露天が出ていた。日本兵のお客の第一号だろうか。南京へ入城した日本兵は南京市民を虐殺していたとデマがとんだが、日本兵と市民は友好関係にあった」

よくわかります。

左側の写真の日本兵を見ている子供の笑顔と、銃を見つめている子供の厳しい顔が印象的です。そこには「銃は怖いが、日本兵は怖くない」という子供の心情が写っています。また、水餃子をつくっている女性は、日本兵に対して無関心に仕事をしている姿から、日本兵に対する恐怖心などまったく感じられません。

これら南京城内を写した佐藤氏の写真が戦後、一挙に公開されたのは本書が初めてです。南京市民の微妙な表情まで写し出されており、細部までじっくり見ていただければ、「南京陥落後の数日間は血の海になっていた」などの疑惑の念は雲散霧消することでしょう。

十二月十五日の南京安全区内の情景

南京城内に設けられていた安全区には、松井大将の厳命により一発の砲弾も打ち込まれることがなく、日本軍に対する南京市民の信頼感は陥落前から厚かったのです。

それを物語る証言を、前出のエスピー副領事がしていました。「……市役所の完全なる逼塞と支

撮影：佐藤振寿氏、1937年12月15日 佐藤氏の手記より「十二月十五日 南京難民区 日本人カメラマンが行くと、積極的に子どもをかかえて撮影に協力してくれる。日本兵、日本人を恐れていなかった」

撮影：佐藤振寿氏、1937年12月15日「十二月十五日　南京安全区　家が無い難民は、安全区の中にバラックを造って住んでいた。入口に大きな日の丸が印象的だった」

那人と大部分の支那住民の退去により市に発生したる完全なる混乱と無秩序とは、市をいかなる不法行為をも行い得らるる場所となし終れるなり。これがため残留せる住民には、日本人が来たれば待望の秩序と統制との恢復あるべしとの意味にて、日本人を歓迎する気分さえもありたることは想像せらるるところなり」（東京裁判速記録二一〇号）

これらの状況を踏まえて右の写真を見ると、老若男女の皆さんすべてが微笑んでいます。帽子をかぶっている老人が、手を組んで目を細めている姿に、日本人への信頼感がにじみ出ています。

筆者が、佐藤氏の写真の中でとくに好きなのは左側の一枚です。南京陥落からまだ二日目にもかかわらず、子どもたちの背中からは平和な日常が感じられ、戸口にからだを半分恥ずかしそうに隠しつつも、イケメンの佐藤氏に微笑んでいる若いお母さんの姿に、すがすがしい空気を感じます。

撮影：佐藤振寿氏、1937年12月15日 佐藤氏の手記より「十二月十五日　南京難民区で撮影した時、難民たちは日本人を恐れることもなく、カメラの前に立った。白布に赤い布を丸く切って、日の丸の印として、日本兵に反抗する意志のないことをあらわしていた」

撮影：佐藤振寿氏、1937年12月15日「十二月十五日　南京難民区　どこかで営業用に使っていた湯沸かし機を人の多い難民区に持ちこんで、営業をはじめていた」

撮影：佐藤振寿氏、1937年12月15日
佐藤氏の手記より「十五日の南京は自宅で食事を作れない難民が多かったせいか水餃子を食べる難民が多かった」

十二月十五日の南京安全区の情景

　これほど長閑な写真を佐藤氏が所有していても、二〇〇三年四月二十八日、南京攻略戦当時に「百人斬り競争」記事を掲載した『毎日新聞』と、一九七一年にその記事を焼き直しして掲載した『朝日新聞』が、南京で処刑された向井・野田両少尉の遺族に「訂正と謝罪」を求められ、提訴されてから、戦後初めて『毎日新聞』の後輩が取材にきたと佐藤氏が仰ってました。

　我が国には、たしかに「報道する自由」がありますが、マスメディアは「報道しない自由」を基本にしています。これは、歴史認識問題に特定したことではありません。

　それゆえ我が国は「報道の自由度」国際ランキングで、不名誉な64位になっているのです。

　これらの写真を撮った一九三七年十二月十五日は、中国によると「南京大虐殺」のクライマックスになっていた時期です。

にもかかわらず、写真に映っている中国人の安心しきった情景を、どう説明するのでしょう。

　現在の閉塞感の根元には、歴史認識が重くのしかかっています。その一例として、今年度（二〇一二年）の検定をパスした高校教科書をご覧ください。

「日本軍は南京の占領に際し、多数の中国人を殺害し、略奪・放火・暴行をおこなった」（第一学習社『日本史A』）

「日本軍は南京市外で捕虜・投降兵をはじめ女性や子どもを含む中国人約20万人を殺害し、略奪・放火や女性への暴行をおこなった」（実教出版『日本史A』）

　右記の記述と写真を比較してご覧ください。血なまぐさい「大虐殺」の最中に、彼らは食事をしていることになります。

　南京問題は、常識的に考えればわかります。それは地球の災害史に記録されるような東日本大震災の死亡者が、約2万人だったことでも説明されるでしょう。

南京入城式（1937年12月17日、『支那事変写真全集』〈中・上海戦線〉朝日新聞社、1938年3月より）

十二月十七日、南京入城式

厳粛な入城式の先頭が、松井石根総司令官です。松井大将は東京裁判の判決によって絞首刑にされました。

松井大将の判決文に「この六、七週の期間において、何千人という婦人が強姦され、十万人以上の人が殺害された……」（前掲『東京裁判』〈下〉）とあり、「この六、七週……」とは陥落後からで、当然「大虐殺」の最中の入城式ということになります。

この写真を観るといつも想うことがあります。それは、松井大将が入城式に向かっていた途中、焼け跡から「赤子」の泣き声が聴こえると、松井大将は、岡田尚秘書に「捜してこい」と命じ、救助してきた女の赤子を大将自ら、温泉にいれ毛布にくるみ、ミルクを飲ませて育て、松子と命名して可愛いがり、この入城式には、岡田秘書が赤子を背負って入城していたのです。（『興亜観音』創刊号）

撮影：佐藤振寿氏、1937年12月17日 佐藤氏の手記より「十二月十七日の入城式が終わる頃、難民区では宣撫班が菓子などを配ると、大人も子どもも大勢が集まってきた」

南京入城式後の安全区の情景

入城式が終わって、安全区では、避難民に菓子が振る舞われていたようです。陥落から四日目になり、南京安全区国際委員会のメンバーから、日本大使館や欧米の大使館に、南京城内の人口調査表が届けられていました。その内容は、「資料T６号―１９３７・12・17＝二〇万人」だったのです。その後の同調査表は「資料　T１４号―１９３７・12・27＝二〇万人」、「資料　T２２号―１９３８・１・17＝二五万人」。この数字だけで、「南京大虐殺」など消滅しています。

なぜなら東京裁判の判決文が、南京城内で六週間に亘って「虐殺・強姦・暴行・掠奪」が行われたとなっていたにもかかわらず、人口が一カ月で五万人も増えているからです。

日本軍の入城で、治安が回復したことを知った避難民が舞い戻ってきたことを示しているのです。

撮影：佐藤振寿氏、1937年12月18日「十二月十八日 入城式が行われた南京中山門を内側から見たもの」

東京裁判の南京判決は二通りある

先に、東京裁判での松井大将に対する個人判決の南京虐殺数は「十万人以上」だったことを明らかにしました。ところが、総括判決では「後日の見積りによれば、日本軍が占領してから最初の六週間に、南京とその周辺で殺害された一般人と捕虜の総数は、二十万人以上であったことが示されている」（前掲『東京裁判』〈下〉）となっているのです。

これが東京裁判の真髄と思えば、すべて納得できるのです。不遡及に反して「平和に対する罪」で裁いたり、検察側証人・調書は検証なしで伝聞・噂話・創作でも偽証罪が一切問われない裁判だったのです。

朝日新聞社刊『東京裁判』の最後のところで、「懲罰作業は終わった」と裁判を揶揄していました。

昭和十二年十二月二十二日（水曜日）　東京朝日新聞

きのふの敵に温情　南京城内の親善風景

寫眞説明
①治療を受けてゐる支那負傷兵②皇軍將兵の情に食慾を滿たす投降兵③砲聲止んだ南京城内に描かれた親善風景④田山部隊長と語る敵の教導總隊參謀沈博施少佐⑤南京城内の親善風景〔河村特派員〕

『朝日新聞』（1937年12月22日、河村特派員撮影）

きのふの敵に温情

「治療を受けている支那負傷兵」とあるのは、「南京は十一月下旬より東南前線の戦死傷者の収容所となり、移転せる政府機関、個人の私邸まで強制的に病室に充てられ、全市医薬の香が瀰漫したる状態なり。これにより生ぜし死者もまた少なからず……」（中津三夫大佐の東京裁判での陳述）

日本軍は、南京城内で虐殺ではなく、蔣介石軍が置き去りにした傷病兵を看病していたのです。

こと南京問題に関しては、ほとんどの歴史が真逆になっていますので、一次史料を直接読む必要があります。

東京朝日新聞　昭和十二年十二月二十五日（土曜日）

南京は微笑む

城内点描

兵隊さんは子供と遊ぶ

南京の街に見る日支明朗譜

【南京特電二十三日発】ヴエルダン戦をもかくやと思はせたあの南京攻略戦後のわれらの兵隊さんは兵火の余燼がのこつてゐるのにすつかり子供に還つて抗日の首都南京が忽ちに明朗譜を奏でてゐる

▼けふ この頃は戦車も兵舎に置いて充分の見物である、街の一隅では早くも商売上手な支那人が行軍また行軍で疲れた兵隊さんの眼を見つけて手製玩具をさして戦車を並させてくれといふ、いままでの南京には見られぬ朗らかな風景である、兵隊さんが戦車を買つてやらうとすると「大人顔不要」と安心した顔だ

われらの兵隊さんは平和をたのしむ

南京攻略戦で使つてゐたおもちや屋が道端に捨てゝ行つた子供の玩具を拾つて来て支那の子供達と遊ぶ

▼兵隊 さんだけに戦車とか装甲自動車を選んでゐるのも面白い、支那人の子供の無心に遊ぶさまを眺めて兵隊さんは傍に侍つわがいとし子を偲んでゐるのだ

新聞記者との、今後手紙をたのみます と飛び出したやうに国への便りを書ふのである

いゝ気持だと三ケ月振りだと小春日和のやうな陽を受けて職業道具を道路に持出した支那人の理髪屋にかゝつて角をといでゐる

▼支那 人の誰もが日の丸の腕章をつけて愛嬌をふりまいてゐるのも愉快である

太平路方面の貧民窟が空になつた住宅街の堂々たる大邸宅に入込んで一世一代の豪華な生活をひらめかしてゐるのも支那風景だ

難民区の難民救済に米やミルク、タバコも支給する日本軍に感謝天にあつて家賃の五百圓もするやうな大邸宅からボロで包まれた難民が、六十人一組になつてぞろぞろ蟻のやうに出て来る光景を読者よ!! 想像して下さい

寫眞説明 ❶玩具の戦車で子供達と遊ぶ兵隊さん（南京中山路にて）❷戦火をまぬかれ壊れた馬車も子供達の楽しい遊び場だ（南京住宅街にて）❸皇軍衛生班の活躍に結ばれて行く日支親善（南京難民区にて）❹平和の光を湛へて支那人教会の庭から洩れる讃美歌（南京鼓楼教会にて）**林特派員撮影＝福岡支局電送**

『朝日新聞』（1937年12月25日、南京特電23日発、林特派員撮影）

①「南京中山路」 ②「南京住宅街」 ③「避難民区(安全区)」 ④「平和の光を湛えて支那人教会の庭から洩れる讃美歌」(南京寧海路)

南京は微笑む

南京陥落から十日目の城内の光景です。

写真を見ての通りですが、子供たちはすっかり安心しきって笑顔がこぼれています。

写真④は、東京裁判で検事側証人として、日本軍の暴虐事件が何百件もあったと証言したマギー牧師がいた教会だったのです。

しかし弁護側の反対尋問では、実際に目撃した事件は殺害一件、強姦一件だけで、その殺害も逃げ出した敗残兵を撃ったとのことで、戦時国際法ではまったく問題がなかったのです。

日本兵と遊ぶ中国の子供たち（『支那事変写真全集』〈中・上海戦線〉朝日新聞社、1938年3月）
1937年12月20日、林特派員撮影

撮影：佐藤振寿氏、1937年12月20日 佐藤氏の手記より「南京も二月二十日すぎになると、兵隊が新年に祝う日本酒の菰かぶの四斗樽が、下関（シャーカン）に届けられた。山積みにされた酒樽は中国兵捕虜を使って整理されていた」

十二月二十日、南京に日本から届けられた「こも樽」

この写真では、捕虜として投降した者が働いているように、南京陥落から七日目にはすっかり落ち着きを取り戻し、日本から正月用の「こも樽」が届けられていました。

「こも樽」をよく見ると、各部隊の地元から贈られてきたようです。

佐藤氏はこの新酒を味わうことなく、二十四日に南京を後にし、上海に向かったとのことです。

陥落後の南京は急速に治安が回復していた

南京の安全区は、三七ページの上海の南市とはまったく違い、中立性が認められないことから、南京の安全区を発案した牧師たちの申し入れを、日本側は正式には認めませんでした。

　敗残兵の侵入を拒絶できる強制力がないことと、これから戦いが本格化する敵と同じ南京城内では、市街地と安全区がハッキリ区別できないことや、発起人の牧師たちが「親中反日」で、中立性を保持できないことが歴然としていたからです。

　それでも中国に優しい松井大将は、安全区として正式には認めませんでしたが、申し入れの意思を尊重して、一発の砲弾も打ち込まなかったのです。

　南京陥落後は、彼らを手厚く保護していましたが、陥落前、常民服に変装した数千人の「便衣兵」が安全区に侵入したことで、様々な問題が起こっていました。

　南京陥落のときには、南京に残留した婦女子など非戦闘員は、すべて国際委員会が管理する安全区内に避難していました。したがって、東京裁判などでいわれる「数千人の強姦」ということが仮に事実としてあったのであれば、日本軍が入城するまでの無政府状態の中、蒋介石軍の敗残兵による仕業と判断して差し支えないのです。

　国際委員会のラーベ委員長は、日本軍に次のような感謝状を出していました。「拝啓　私どもは貴下の砲兵隊が安全地区を攻撃されなかったという美学に対して、また同地区における中国民間人の援護にたいする将来の計画につき、貴下と連絡をとり得るようになりましたことに対して感謝の意を表するものであります」（東京裁判速記録二一〇号）

　次に金陵大学マッカラム医師の日記・手記には「◆（日本軍）礼

撮影：佐藤振寿氏、1937年12月23日 佐藤氏の手記より「十二月二十三日 どこで入手したのか馬車と馬。南京中山路あたりを、日の丸旗を立てて、中国人を乗せて市内見物か」

儀正しく、しかも尊敬して私どもを処遇してくれました。……◆十二月三十一日、今日私は民衆の群……を目撃しました。あとで彼らは、……日本軍の手によって配分された米を携帯して帰って来ました。今日は若干幸福な人々がおりました。◆（一月三日）最近七、八名の大変に立派な日本兵が病院を訪問しました。……彼らに病人に与える食物の欠乏を語りました。今日彼らは若干の牛肉を見つけて、一〇〇斤の豆をもってきました。我々は一箇月も病院で肉なんか食べてなかったので、これらの贈物は大いに歓迎されました」

（東京裁判速記録二一〇号）

手を握り合って越年——日本から失われつつある情景

一連の日本兵と中国人婦女子との交歓の写真を見ると、『朝日新聞』や文科省、そして中国が言い募る「中国人の男女子供を無差別に殺し回っていた」日本兵のほうが、かえって現在の日本人より中国人から信頼感を寄せられていたように感じるのは、どうしてなのでしょうか。

現在、我が国では悲惨な通り魔事件が繰り返されていますが、明らかに日本人は変質しています。

小中高で繰り返し「南京で婦女子を無差別に殺戮した」とか「慰安婦を強制連行した」と教育されていれば、「日本人＝残虐民族」というふうに完全に洗脳され、無意識の行動を呼び起こしているようにさえ思えてなりません。

小学生も、中学受験のために「南京大虐殺」を参考書で勉強しています。これは、政治家やマスメディアの責任を糺す程度では解決できないところまで来ています。

社会に影響力のある作家・渡辺淳一氏は、週刊誌の連載「あとの祭り」〈南京虐殺に思う〉（二〇一二年三月十五日号）の中で、「当時の南京市内の様子を想像すると、身の毛もよだつ」とか「わたしは、少なからずあったろうと思う」と書いています。

東京朝日新聞
第一萬八千五百八十號
を握ッ合つて越年
む南京の日支親善

『朝日新聞』（1937年12月30日）

そして「穏やかで良識あふれるように見える日本人のなかにも、悪魔にならないともかぎらない血が秘められている」そうで、だから「南京大虐殺の記念館は、そのための教訓だと思えば、とくに騒ぎ立てることもないと思うのだが」と締めています。

渡辺氏の歴史認識に興味はないのですが、精神医学に通じるような「日本人→悪魔→血」の連鎖を認識させるための教訓は逆に、日本人にこれまで薄かった残虐性を植えつける「血→悪魔→日本人→通り魔殺人」へと進む「負の連鎖」が生じており、「教科書」がその触媒になっているように思えてなりません。

南京市自治委員会の誕生（1938年1月1日、『支那事変写真全集』〈中・上海戦線〉朝日新聞社、1938年3月より）

南京に自治委員会が誕生

日本軍の厳粛な治安維持に賛同するかたちで、中国人良民が自発的に十二月二十三日に治安維持会を設立し、日本軍と協力して自治準備委員会が設立されました。同二十四日から翌年一月五日まで、中国人も立ち会って「良民証」交付のための市民査問調査が行われました。

この間、十二月二十五日深夜、日本軍将校宿舎が敗残兵の集団に襲われ、将校一二名が殺傷される事件が勃発し、犯人は下関埠頭で処刑されました。

このとき発行された「良民証」は、老人と子供を除いて約一六万票、摘出された便衣兵の「約二〇〇〇人」だった。この約二〇〇〇人は捕虜として扱われ、旧外交部に収容されました。その過程で陶錫山が正式に委員長に推され、南京市自治委員会の誕生を宣言したときの写真です。発足大会は一月三日、中国人良民三〇〇〇人が集まって挙行されました。

陳漢森より土井中佐への感謝状

感謝状に年月日が記載されていないのは、陳漢森紅卍会分会長が直接、一九三八年一月二日に土井比良艦長のもとまで届けたからです（詳細は『「南京事件」日本人48人の証言』阿羅健一著・小学館文庫を参照ください）。

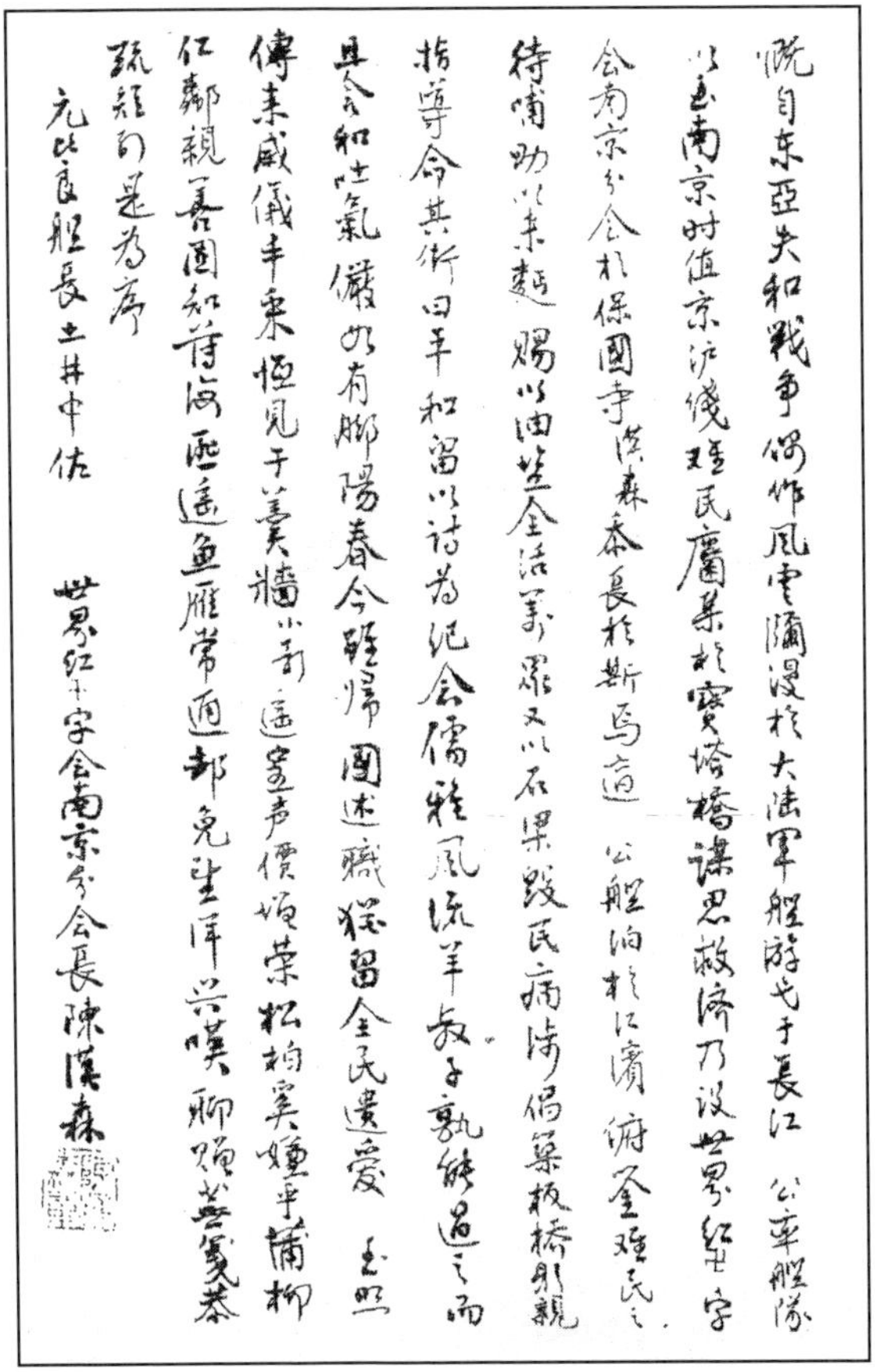

（翻訳）陳　漢森よりの書簡

東アジアにおいて、戦火を交える時より、戦争の風雲が大陸に覆われており、軍艦が揚子江を遊弋《ゆうよく》している現今のご時世の中、閣下は艦隊を率いて南京に到着されました。この時期にあたり、南京、上海の難民が大勢集まってまいりました。これら難民救済のために、世界赤十字南京分会が保国寺に設立されて、私は恥ずかしながら、その責任者に任ぜられました。閣下の軍艦が江浜府に停泊する際、閣下は民衆が飢えている状況を察され、小麦粉と食用油を賜り、大勢の民衆の命をお助けになりました。また、道路の整備と橋掛けを命ぜられ、且つ自らご指導にあたられました。そして、その町名を平和と名づけられたのと同時に、詩を詠じ、それを以って記念とされました。詩意は和やかで、まるで陽春を迎えたかのごとく感ぜられます。現在、閣下は間もなく帰国され、職務報告をされますが、なおご自身の写真を私どもにお贈りになりました。お写真を壁に掲げて、いつも御威容を拝見致しますと同時に、近隣である日中両国の親善を祈願したいと存じております。もとより日中両国を隔てる海はそれほど広からず、魚や雁などはいつも往来しているにもかかわらず、残念ながら、私は海を越えてお伺いすることができず、海を眺めて嘆くしかありません。そこで、この粗末な文を贈り、記念とさせていただきます。

世界赤十字会南京分会長　陳　漢森

元比良艦長土井中佐

南京天文台を警備する日本兵（1938年1月11日、『支那事変写真全集』〈中・上海戦線〉朝日新聞社、1938年3月より）

外国のメディアは何を見て何を報道していたか

現在、ホロコーストに比肩する「南京大虐殺三〇万人」と中国が喧伝する内容は、南京陥落後の城内で、対象は婦女子など民間人の総数になっています。

世界を代表する『ニューヨーク・タイムズ』と『ロンドン・タイムズ』は、一九三七年十二月十三日から同三十一日まで何を報道したのでしょうか。

同期間、両紙には、南京で日本軍が「虐殺」をしたなどの記事は一行も報道していないのです。

両紙が共通して大々的に報道していたのは、南京でパネー号（米）の撃沈とレディーバード号（英）が攻撃されたニュースだったのです。

『ニューヨーク〜』は、関連記事を同十二月十三日から三十日まで連続十八日間、報道していました。『ロンドン〜』も、同十三日から三十一日まで四日間の休刊日以外、連続十五日間、報道していました。

雪道で食料品を運ぶ中国人を警備する日本兵（1938年1月25日、『支那事変写真全集』〈中・上海戦線〉朝日新聞社、1938年3月より）

『朝日新聞』は「南京大虐殺」を知っていたのか

「日本軍が中国人を手当たり次第に虐殺していた」といわれる期間内（松井大将の厳命に従って文化施設を警備中）の一枚です。『大阪朝日新聞』山本治上海支局員の証言「事件と言うようなものはなかったと思います。私も見ていませんし、朝日でも話題になってません。また、あの市民の数と中国軍の動きでそういうことが起きるはずがありません」（『「南京事件」日本人48人の証言』阿羅健一著、小学館文庫）

細川隆元朝日新聞編集局長（当時）の証言「わしが朝日新聞の編集局長であった時だ。南京に特派した記者たちを集めて、南京に虐殺事件があったとかどうとか噂をきくが、ほんとうはどうだ、と、一人一人にきいてみた。ぜんぜんそのようなことは見たことも聞いたこともありません、というはっきりした返事だった」（TBS『時事放談』一九八五年八月十日）

アリソン米国領事「殴打事件」

現在、「南京大虐殺」の最中と中国がいう一九三八年一月二十六日にあった「殴打事件」を、『ニューヨーク・タイムズ』では同三十日まで三日連続、『ロンドン・タイムズ』も休刊日を挟んで同三十一日まで三日連続、大々的に報道していました。笑い話のようですが、日本兵のビンタ一発が、婦女子の虐殺事件以上の大事件だったことになります。

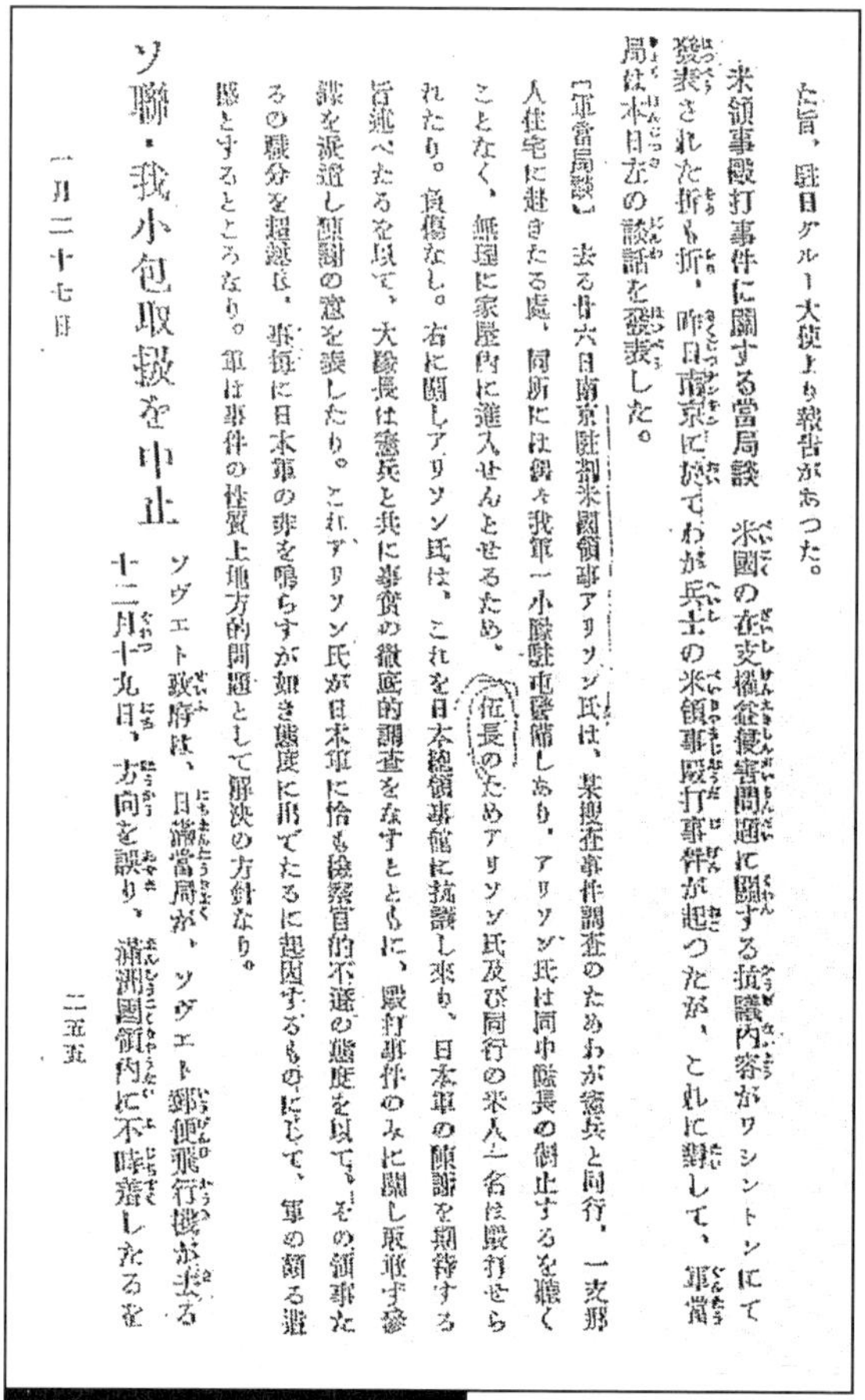

た旨、駐日グルー大使より報告があつた。

米領事殴打事件に關する當局談　米國の在支權益侵害問題に關する抗議内容がワシントンにて發表された折も折、昨日南京に於てわが兵士の米領事殴打事件が起つたが、これに對して、軍當局は本日左の談話を發表した。

【軍當局談】　去る廿六日南京駐剳米國領事アリソン氏は、某搜査事件調査のためわが憲兵と同行、一支那人住宅に赴きたる處、同所には偶々我軍一小隊駐屯警備しあり、アリソン氏は同小隊長の制止するを聽くことなく、無理に家屋内に進入せんとせるため、伍長のためアリソン氏及び同行の米人二名は殴打せられたり。負傷なし。右に關しアリソン氏は、これを日本總領事館に抗議し來り、日本軍の陳謝を期待する旨述べたるを以て、大隊長は憲兵と共に事實の徹底的調査をなすとともに、殴打事件のみに關し取敢ず參謀を派遣し陳謝の意を表したり。これずアリソン氏が日本軍に恰も檢察官的不遜の態度を以て、その領事たるの職分を超越し、事毎に日本軍の非を鳴らすが如き態度に出でたるに起因するものにして、軍の頗る遺憾とするところなり。軍は事件の性質上地方的問題として解決の方針なり。

（一月二十七日）

ソ聯・我小包取扱を中止

ソヴエト政府は、日滿當局が、ソヴエト郵便飛行機が去る十二月十九日、方向を誤り、滿洲國領内に不時着したるを

二五五

読売新聞社編集局『支那事変実記』第六集（1938年、非凡閣）より

中国は、第百会期国際連盟理事会（1938年1月26日～2月2日）で、顧維鈞中国代表が「南京で2万人の虐殺と数千の女性への暴行」があったと演説しても、国際連盟は無視していました。このときに嘘はバレていたのです。詳細は『南京の実相』（日本の前途と歴史教育を考える議員の会監修、日新報道）を参照ください。

陥落前の南京

日本が南京で行つた暴行についてその眞相をお話し下さい。

我が軍が南京城壁に攻撃を集中したのは、昭和十二年十二月七日でありました。これより早く上海の中國軍から手痛い抵抗を蒙つた日本軍は、その一週間後その恨みを一時に破裂させ、怒濤の如く南京市内に殺到したのであります。

この南京の大虐殺こそ、近代史上稀に見る凄惨なもので、實に婦女子二萬名が惨殺されたのであります。

南京城内の各街路は、数週間にわたり惨死者の流した血に彩られ、またバラ〳〵に散亂した死體で街全體が覆はれたのであります。この間血に狂つた日本兵士らは、非戰鬪員を捕へ手當り次第に殺戮、掠奪を逞しくし、また語ることも憚る暴行を敢て致しました。

日本軍入城後数週間といふものは、一體南京市中でどういふことが起つたのか、非戰鬪員たる中國人の保護に任ずるため踏み止まつた外國人が、一體どういふ運命に遭遇したのか、これは杳として知ることは出來ませんでした。といふのはかかる眞相の漏洩より豫想される不測の反響を慮つた我が軍部が、あらゆる報道の出所を封じて、嚴重なる檢閲を實施したからであります。だが結局この眞相は白日の下に露呈されました。そしてかゝる日本軍の常軌を離れた行動そのものに對しては、その大部分の責任が、これを抑へ切れなかつた軍部自體の負ふべきものなることが判明致しました。

集團的な掠奪、テロ行爲、暴行等人道上許すべからざる行爲は、市内至るところで行はれました。はじめ南京城市民は、もしも日本軍さへ入城して呉れるなら、中國軍の退却のド

252

『眞相箱』「陥落前の南京」(『南京の実相』より)

NHK洗脳ラジオ放送『眞相箱』の支離滅裂

これは、日本人を洗脳したNHKラジオ放送『眞相箱』の台本をまとめた本の「南京虐殺」の冒頭部分です。これが「台本」だったことは筆者が明らかにしたのですが、その中に秘密が隠されていました。

ここに書かれていることは「日本が行った暴行」となっていますが、GHQは「中国の仕業」と放送していました。それは、タイトルが「陥落前の南京」となっており、「日本軍がまだ南京城に入城する前」と断って放送していたからです。担当したアメリカ人の、洗練されたユーモアと解釈すると納得ができます。

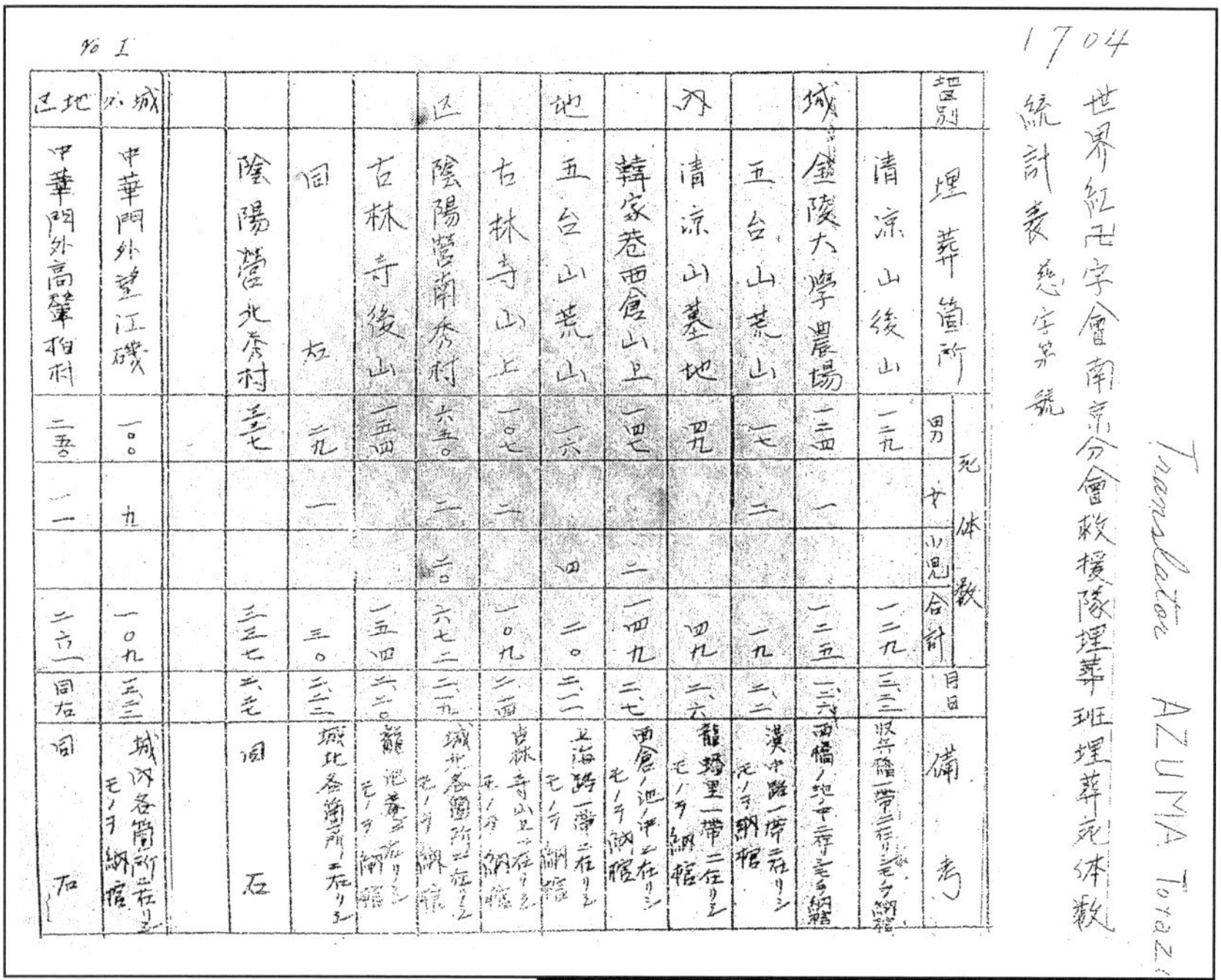

No. 1　1704

世界紅卍字會南京分會救援隊埋葬班埋葬死体數統計表　慈字第　號

Translator AZUMA Totazo

區別	埋葬箇所	死体數 男	女	小児	合計	月日	備考
城	清涼山後山	一二九			一二九	三、三	収容所一帯ニ在リシモノヲ納棺
城内	金陵大學農場	一二四	一		一二五	三、六	西橋ノ池中ニ浮キシモノヲ納棺
	五台山荒山	一七	二		一九	二、二	漢中路一帯ニ在リシモノヲ納棺
外	清涼山墓地	四九			四九	二、六	龍蟠里一帯ニ在リシモノヲ納棺
	韓家巷西倉山上	一四七		二	一四九	二、七	西倉ノ池中ニ在リシモノヲ納棺
地	五台山荒山	一六		四	二〇	二、二一	上海路一帯ニ在リシモノヲ納棺
	古林寺山上	一〇七	二		一〇九	二、一四	古林寺山上ニ在リシモノヲ納棺
区	陰陽營南秀村	六五〇	二	二〇	六七二	二、一九	城外各箇所ニ在リシモノヲ納棺
	古林寺後山	一五四			一五四	二、二〇	龍池菴ニ在リシモノヲ納棺
	同　左	二九	一		三〇	三、三	城北各箇所ニ在リシ
	陰陽營北秀村	三三七			三三七	三、七	同　右
城外	中華門外望江磯	一〇〇	九		一〇九	三、三	城内各箇所ニ在リシモノヲ納棺
地区	中華門外高輦柏村	二五〇	一一		二六一	同右	同　右

極東国際軍事裁判に提出された「紅卍字会」の埋葬記録（抜粋）

東京裁判に「虐殺の証拠」として提出された埋葬記録は「戦死者」だった

歴史を捏造すると、歴史のふるいに晒されるという一例は、上に掲載した埋葬記録が明らかにしてくれます。

東京裁判に「虐殺の証拠」として採用された埋葬記録は、『崇善堂』（一一万二二六一体）と「世界紅卍字会」（四万三〇七一体）の合計一五万五三三二体でした。

ところが当時、崇善堂はまったく活動していなかったことを、阿羅健一氏が一九八五年八月にスクープしたことで、一一万二千余名は消滅したのです（八九ページ参照）。その衝撃は、スクープを報道した『産経新聞』の記事の大きさが物語っています。

それは、東京裁判において、南京攻略戦総司令官・松井石根大将個人の判決で、南京での虐殺数

No.2　　　　　　　　　　　　　　　　1704

城外地区

埋葬箇所	死体数 男	女	小児	合計	月日	備考
中華門外普德寺	二八〇			二八〇	一二、二二	城内各所ニ在リシモノヲ納棺
	六四六八			六四六八	一二、二八	
上新河黒橋	九九六	二		九九六	一、一〇	上新河一帯ニ在リシモノヲ納棺
中華門外望江磯	四〇七	二一	三	四三一	一、一三	城内各所ニ在リシモノヲ納棺
水西門外二道桿子	八四三			八四三	二、七	水西門外河辺ニ在リシモノヲ納棺
上新河太陽宮	四五七			四五七	二、八	太陽宮河下ニ在リシモノヲ納棺
水西門外南傘巷	一二四	一		一二五	二、九	水西門外各箇所ニ在リシモノヲ納棺
上新河二埂	八五〇			八五〇	同右	死体腐爛セル為現場ニテ納棺
上新河江東橋	一八五〇			一八五〇	同右	江東橋一帯ニ在リシモノヲ納棺
上新河棉花堤	一八六〇			一八六〇	同右	死体腐爛セル為現場ニテ納棺
漢西門外広東共同墓地	二七二一	一		二七二二	二、一一	漢西門外一帯ニ在リシモノヲ納棺
水西門外大王廟	三四			三四	同右	水西門外ノ池ニ在リシモノヲ納棺
下関渡国里	一九一			一九一	二、一二	死体腐爛セル為現場ニテ納棺
中央体育場共同墓地	八二			八二	二、一四	体育場附近ニ在リシモノヲ納棺
上新河中央監獄	三二八			三二八	同右	中央監獄内ニ在リシモノヲ納棺
上新河観音庵空地	八一			八一	二、一五	該処火場内ニ在リシモノヲ納棺
上新河鳳凰街空地	二四四			二四四	二、一五	該処西街ニ在リシモノヲ納棺

を「一〇万人以上」と特定したので、阿羅氏のスクープによって虐殺数が「マイナス一万二二六一体」になってしまったのです。

　戦死でも虐殺でも、死体のない死はありません。そこで、もう一つの埋葬記録を検証すると、中国が喧伝する「南京大虐殺」は消滅してしまいます。

　まず図表の中のインチキは、十二月二十八日の「六四六八」（合計）だけ、発見場所も埋葬場所も記載されていません。そして二十八日と翌日の南京は、様々な記録を見ると大雪だったのです。

　実際、「紅卍字会」が埋葬活動をしていたのは確かなことですが、当時、南京城内は「南京は十一月下旬より、遠く南方前線の戦死傷者の収容所となり、移転せる政府機関、個人の私邸まで強制的に病室に充てられ、全市医薬の香が漫したる状態なり。……入城時、外交部の建物は、大兵站病院開設せられあり、難民とともに外人の指導下に

南京便り　林田特派員

第五章　衛生の巻

大仕事は死體整理

惡疫の猖獗期をひかへて

防疫委員會も大活動

戰《たゝか》ひのあとの南京《ナンキン》でまづ整理《せいり》しなければならないものは敵《てき》の遺棄《いき》死體《たい》であつた、壕を埋め、小川に山と重なつてゐる幾萬とも知れない死骸《がい》、これを捨てておくことは衛生《せい》的にいつても人心安定の上からいつても害惡《がいあく》が多い

……◇……

そこで紅卍會と自治委員會と日本山妙法寺に屬《ぞく》するわが僧侶《そうりよ》らが手を揃つて片づけはじめた、腐敗《ふはい》したのをお題目とともにトラックに乗せ一定の場所に埋葬《まいさう》するのであるが、相當の費用と人力がかゝる人の忌む惡臭《あくしう》をついて日一日の作業はつゞき最近までに城内で一千七百九十三體、城外で三萬三百十一體を片づけた、約一萬一千圓の入費となつてゐる、苦力も延べ五、六萬人は動いてゐる、しかしなほ城外の山のかげなどに相當數殘つてゐるので、さらに八千圓ほど金を出して眞夏に入るまでにはなんとか處置を終る豫定である

……◇……

防疫《ばうえき》方面についてわが現地當局者間に防疫委員會が生れ十月には大掃除を市内全部にわたつて行ふが支那側警察局でも苦心し、百人の清潔班の派遣をはじめ、所々臭い地區では大掃除を行つたり、大小便すべからずの立札を立てたり、ドブを埋めたり死體を收容したり、相當努力してをり、將來は「防疫病院」の設立、衛生事務所（衛生組合のやうなもの）の設置、種痘施行、その他を企畫してゐる

……◇……

町の半ば以上の廢墟の中には特に古鐵類が轉がつたが、自治委員會が買ひ入れを統制したので、仕事のない自由勞働者群が拾ひ屋になつて集めまはり何百とまとまりつゝあり、わが日鐵が買上げることになつてゐる、これなどは民國らしい清掃の名案だ

……◇……

夏むきの惡疫流行期を控へて食物衛生は特に重要であるのでいよいよ近く市内四ケ所に市場が新設されることになつた、鷄が拂底してゐるはずだのにむし卵賣りが市内に氾濫してゐるといふ珍現象のあらはれてゐる通り、南京《ナンキン》は食糧には彈力性のある町であるが、今のやうに大道の砂埃の中で豚肉を賣つてゐたり野菜を並べてゐたりする風景を一掃、全部市場へ集めると同時に、江北方面から豚や新鮮な野菜をウンと集められるわけである、わが兵隊さんも野菜には不自由しないのだ

『朝日新聞』南鮮版（1938年4月17日）

ありて、数千を算する多数の患者を擁し、重傷者多し。日々、三、四十名落命しつつありたり」（第十六師団参謀長中沢三夫大佐の証言）の状態だったのです。外交部以外に開設された兵站病院の死者を合わせると、毎日、かなりの死亡者がでていたのは自然なことでしょう。

南京城内で虐殺されたと称する三〇万人は「婦女子など非戦闘員」ということになっていましたが、婦女子はほとんど記録されていません。「南京便り」二段目に「最近まで城内で一千七百九十三体、城外で三萬三百十一体を片づけた」とあり、ほとんどは城外の戦死体だったのです。

サンケイ新聞 〔社会〕 昭60.8.10

「南京大虐殺」に新史料！

慈善団体「崇善堂」の埋葬活動はなかった

11万の数に疑問

東京裁判 検察側証拠くつがえす

国立国会図書館で見つかった新史料

国立国会図書館で発掘

阿羅 健一さん

南京大虐殺

「南京大虐殺」の嘘を覆した阿羅健一氏のスクープ記事
（『産経新聞』1985年8月10日）

「南京大虐殺」の嘘は一九八五年に明らかになっていた

そもそも我が国の南京問題の研究者が、功名心にとらわれることなく、このスクープ記事を正当に評価し、「南京大虐殺」を否定する枕ことばに使用していたら、「南京大虐殺」の嘘のほとんどは終結していたのです。

「南京大虐殺」の政治宣伝本『戦争とは何か＝中国における日本軍の暴虐』は一九三八年、『マンチェスター・ガーディアン』紙の記者ティンパーリーが、中国から金をもらって書いた「政治宣伝工作本」だったことが明らかになっています。

それは、北村稔立命館大学教授が、中国国民党中央宣伝部国際宣伝処長・曾虚白の『自伝』に、「我々は手始めに、金を使ってティンパーリー本人とティンパーリー経由でスマイスに依頼して、日本軍の南京大虐殺の目撃記録として二冊の本を書いて貰い、印刷して発行する事に決定した……二つの書物は、売れ行きの良い書物となり、宣伝の目的を達成した」と記していたことを明らかにしております。

また『戦争とは何か～』は、一九三八年七月に中国語に翻訳され、『外人目睹中之日軍暴行』のタイトルで出版されました。この序文を書いていた人物は、日中国交正常化（一九七二年）後に「日中友好協会名誉会長」に就任していた郭沫若だったのです。

三四ページで明らかにした、日中国交正常化直前に出版された政治宣伝本『中国の日本軍』（本多勝一著）の推薦文にも、郭沫若の同書の序文が転載されています。

【南京問題参考書籍】

■『「南京事件」の総括』（田中正明著、小学館文庫）

■『「南京事件」日本人48人の証言』（阿羅健一著、小学館文庫）

■『南京の実相』（日本の前途と歴史教育を考える議員の会監修、日新報道）

「南京大虐殺」の証拠と大騒ぎした「郵便袋虐殺事件」は最高裁判所で捏造が確定

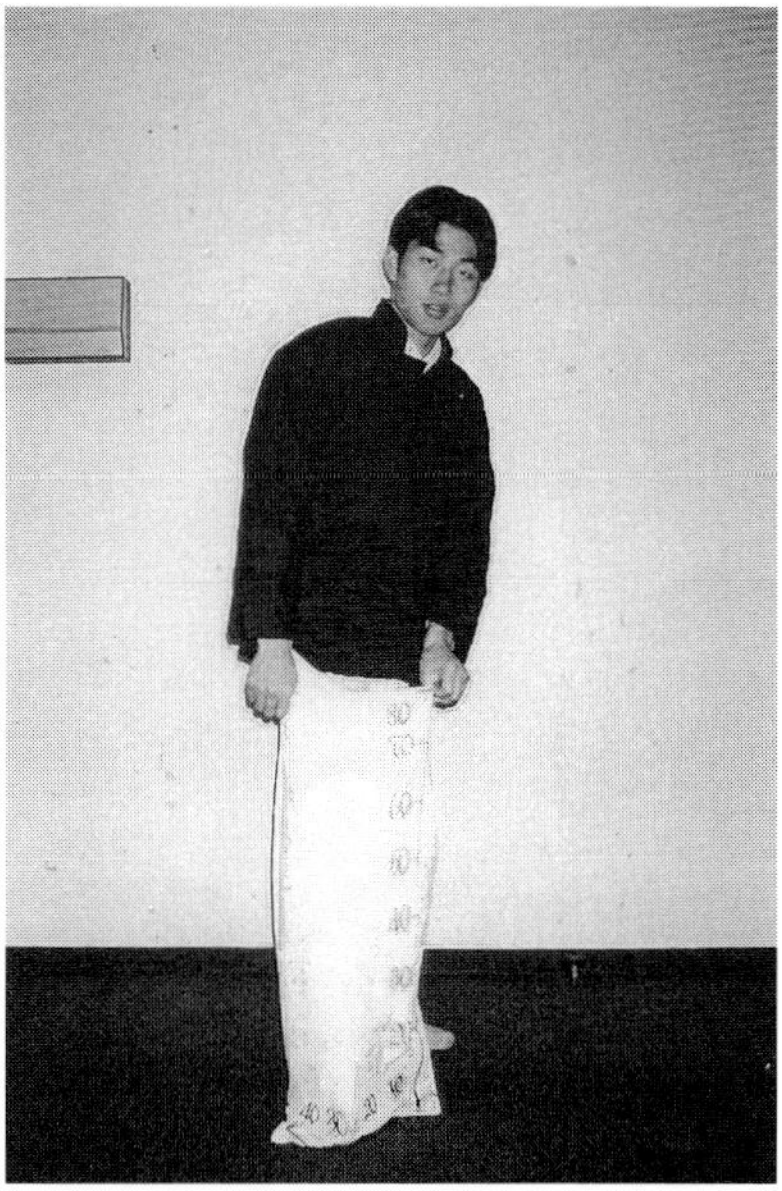

1998年5月12日、東京高等裁判所に提出された写真報告書（甲第105号）より一部写真を抜粋。被撮影者は身長167センチメートル、体重58キログラム

この裁判は、南京城内で中国人を郵便袋に入れ、手榴弾を縛りつけ、池に放り込んで虐殺した、と同じ小隊の東史郎に書かれた橋本小隊長が「私はしていない」と、一九九三年四月に東京地裁に東史郎などを提訴した裁判でした。

訴訟支援に加わっていた筆者は、被告側が地裁に提出した郵便袋のサイズより五センチ大きく作って、実証実験したものを一九九八年五月に高裁に提出しました。写真がその袋です。

これも笑い話になりますが、約三年間も地裁で争った「郵便袋に大人が入るか否か」は、原寸で作ってみたら片足しか入らなかったのです。

高裁判決の「物理的に不可能」との文言は、この写真報告書を援用したものでした。そして、二〇〇〇年一月二十一日、最高裁に於いても被告側・東史郎の敗訴が確定したのです。

この裁判については、拙著『「反日」包囲網の正体』（PHP研究所）を参照ください。

付表

罪の種類 / 訴因内容 / 被告	第1類 平和に対する罪								第3類 通例の戦争犯罪及び人道に対する罪	
	1	27	29	31	32	33	35	36	54	55
	一九二八年～四五年における侵略戦争に対する共通の共同謀議	満州事変以後の対中華民国戦争遂行	米国に対する「大東亜戦争」の遂行	英国に対する「大東亜戦争」の遂行	オランダに対する「大東亜戦争」の遂行	北部仏印進駐以後における対仏戦争遂行	ソビエトに対する「張鼓峰事件」の遂行	ソビエト及び蒙古に対する「ノモンハン事件」の遂行	一九四一・一二・七～一九四五・九・二における違反行為遂行の命令・授権・許可による戦争法規違反	一九四一・一二・七～一九四五・九・二における俘虜及び一般人に対する条約遵守の責任無視による戦争法規違反
荒木　貞夫	●	●	○	○	○	○	○	○	○	○
土肥原賢二	●	●	●	●	●	○	●	●	●	△
橋本欣五郎	●	●	○	○	○				○	○
畑　俊六	●	●	●	●	●		○	○	○	●
平沼騏一郎	●	●	●	●	●	○	○	●	○	○
広田　弘毅	●	●	○	○	○	○	○		○	●
星野　直樹	●	●	●	●	●	○	○		○	○
板垣征四郎	●	●	●	●	●	○	●	●	●	△
賀屋　興宣	●	●	●	●	●				○	○
木戸　孝一	●	●	●	●	●	○	○	○	○	○
木村兵太郎	●	●	●	●	●				●	●
小磯　国昭	●	●	●	●	●			○	○	●
松井　石根	○	○	○	○	○		○	○	○	●
南　次郎	●	●	○	○	○				○	○
武藤　章	●	●	●	●	●	○		○	●	●
岡　敬純	●	●	●	●	●				○	○
大島　浩	●	○	○	○	○				○	○
佐藤　賢了	●	●	●	●	●				○	○
重光　葵	○	●	●	●	●	○	○		○	●
嶋田繁太郎	●	●	●	●	●				○	○
白鳥　敏夫	●	○	○	○	○					
鈴木　貞一	●	●	●	●	●		○	○	○	○
東郷　茂徳	●	●	●	●	●			○	○	○
東条　英機	●	●	●	●	●	●		○	●	△
梅津美治郎	●	●	●	●	●			○	○	○

●＝有罪　○＝無罪　△＝判定なし

いわゆる「A級戦犯」訴因五五項目の有罪・無罪一覧表

松井石根大将はA級戦犯ではなかった

仮にホロコーストに比肩する「南京大虐殺」が事実であれば、松井大将はA級（A項）戦犯の訴因「平和に対する罪」で有罪になったはずです。ところがご覧のように、訴因の内容すべてにおいて無罪だったのです。ホロコーストに比肩する「南京大虐殺」はなく、東京裁判が嘘だと証明されたことになるのです。

松井大将は、「通例の戦争犯罪」（BC級）の訴因五五項目の一つだけで戦犯になっていたのです。東京裁判の判決では、松井大将はBC級（BC項）戦犯になっているのです。

2007年2月19日

水間政憲様

朝日新聞社広報部
電話　03−5540−7615
FAX03−5540−7618

冠省

ＦＡＸを拝見しました。「今月１４日に朝日新聞のデータ・調査室に問い合わせた」とありますが、弊社のデータベースセクションは社内の記者等からの質問に答える部署であり、水間様を含め、社外の皆様の問い合わせ窓口は広報部が務めています。朝日新聞の記事に関する質問は広報部までお願いします。

なお、南京大虐殺の犠牲者数に関する質問に対しては、改めて以下の通り回答します。

朝日新聞社として南京大虐殺の犠牲者数は特定しておりません。２００６年１２月３０日の社説「日中歴史研究　事実に語らせることだ」は「中国側は犠牲者の数を『３０万人』とし、日本軍による残虐行為の象徴的な事件と見る。だが、日本側には２０万人説や数万人説などさまざまな見方がある」と記しています。

使用される場合は、「朝日新聞社広報部の回答」とされますようお願いします。なお、ＦＡＸには「森田副部長」宛とありましたが、森田は異動しました。この件に関するお問い合わせは部長代理・戸松康雄までお願いします。

草々

「南京大虐殺」の犠牲者に関する『朝日新聞』の回答文書

『朝日新聞』も犠牲者数は特定できない

二〇〇七年一月、自民党歴史議連（中山成彬会長）は「南京問題の検証」を開始しました。

その検証作業に筆者と阿羅健一氏も参加することになり、日中国交正常化以降、中国と一体化して「南京大虐殺キャンペーン」を張っていた『朝日新聞』の基本的な姿勢を聞いておく必要があると判断し、質問をしました。対する『朝日新聞』が正式な回答として送ってきたのが、ここに掲載した文書です。

『朝日新聞』が、「南京大虐殺」の犠牲者数を「特定していない」と回答したことで、虐殺数は「ゼロ」もあり得ることを認めたことになるのです。

慰安婦問題、動かぬ証拠

現在、ソウル日本大使館前に異様な彫像が設置されています。それは、日本政府に「謝罪」と「賠償」を求めて二十四時間訴えかける意味合いで、二〇一一年十二月十四日に除幕式が行われた慰安婦像のことです。

ソウルの日本大使館前に設置された従軍慰安婦被害を象徴する少女の銅像（写真提供＝共同通信社）

そもそも「従軍慰安婦問題」は、『朝日ジャーナル』に一九八八年五月から十二月まで隔週で一五回に亘って掲載された「日本国は朝鮮と朝鮮人に公式陳謝せよ」との意見広告からスタートし、同誌の記事になり、それが『朝日新聞』の「慰安婦キャンペーン」へ波及していったのです。ところが、慰安婦の「強要・強制」を示す記録は一切ありません。

それにもかかわらず、慰安婦と『朝日新聞』のキャンペーンが奏功して、一九九〇年に韓国へ九九五億九〇〇〇万円もの援助が行われたのです。

この援助は、ソウルオリンピック後の韓国経済の落ち込みを助ける緊急援助でした。その後、韓国経済が危機的な状況になると、必ず慰安婦問題が出てくるようになります。

アメリカにも「従軍慰安婦」の碑が

二〇〇七年七月三十一日、在米韓国人のロビー活動が奏功して、米国下院本会議で「従軍慰安婦問題の対日謝罪要求決議案」が可決されました。これに勢いづき、韓国人が三六％居住しているニュージャージー州パリセイズパーク市の図書館前に、「日本軍従軍慰安婦の碑」が設置されたのです。

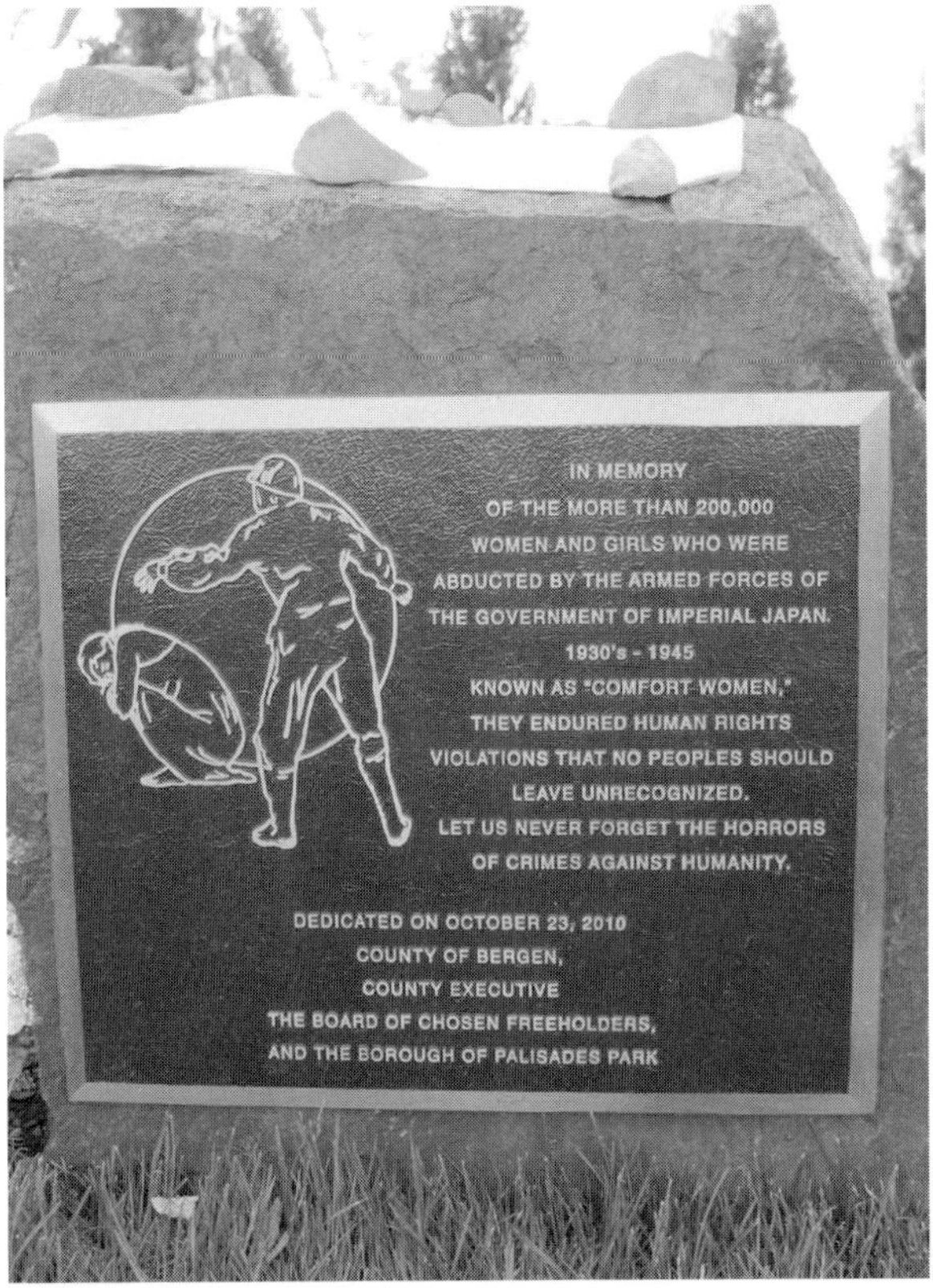

ニュージャージー州パリセイズパーク市に置かれた従軍慰安婦の記念碑（写真提供＝共同通信社）

大理石の碑文には「一九三〇年代から四五年まで日本帝国主義の軍隊に踏みにじられた二〇万人の女性と少女を称える……慰安婦とされた人々は想像することもできない残酷な人権侵害にあった……私たちは人類に対するこの残虐な犯罪を決して忘れてはいけない」という言葉が、慰安婦の姿とともに刻まれています。

今後、ニューヨークやロサンゼルスなど、全米二〇カ所に慰安婦碑の設置が計画されています。この流れを阻止しなければ、在米邦人の子供たちが、過激な「いじめ」に遭遇することが懸念されます。

慰安婦への「謝罪・賠償」宣伝が米紙に続々掲載

二〇一一年十二月二十九日の『ウォールストリート・ジャーナル』に続き、二〇一二年五月二十九日には『ニューヨーク・タイムズ』に「覚えていますか?」とのタイトルで、また慰安婦「謝罪・賠償」の全面広告が掲載されました。

『ニューヨーク・タイムズ』(2012年5月29日)の全面広告

これらの謝罪広告は、日本政府がまだ正式な謝罪や賠償をしていないと訴えています。この宣伝戦略は、緻密に計算されています。

しかし日本政府は謝罪を繰り返しており、準政府機関の「アジア女性基金」を税金で設立し、総理大臣の手紙付きで元慰安婦個々に見舞金をすでに支払っています。

そこで日本からの援助を実現する手段として、ドイツ政府のユダヤ人ホロコーストへの対応を、日本政府の慰安婦問題に援用するという戦略を実施しているのです。

日本政府は過去、何度となく韓国政府に騙されています。一九九八年、韓国経済が破綻したとき、金大中大統領は日本に歴史問題終結宣言を持ち出し、一兆数千億円の巨額な援助をものにしました。

2011年9月22日、性売買特別法の廃止と生存権保障を要求する集会（ソウル）

韓国では売春を求めるデモや集会が繰り返されている

儒教国家の韓国は、性道徳と貞操観を厳しくすることを理想として、一九六一年に「性売買行為等防止法」を制定しました。しかしその実態は、世界に類例のない、一〇〇〇人に及ぶ「売春させてください」と叫ぶデモや集会となって表れています。

韓国の「妓生《キーセン》」の歴史は古く、李朝時代には妓生庁に官妓が置かれていたくらいです。

韓国では、政府が一九五〇年に「連合軍〝慰安所〟五カ所を新・旧馬山に設置」したり、一九五〇年代に韓国陸軍本部が「ソウルと江陵など四カ所で慰安所を運営」していました。

また同防止法が制定されたあとも、外貨を稼ぐために米軍用の「テキサス村」（売春施設）を認めて、保健所が週一回性病などの検査を強制していたのです。

一九七〇年代になって米軍が急激に減ったのちは、

外貨を稼ぐターゲットが日本人男性に向けられ、「キーセン観光」と称して多くの男性が韓国へ遊びに行っていた時代もありました。

ここに掲載した写真は、二〇〇四年に韓国で施行された「性売買特別法」によって取り締まりが強化され、それに反対する「売春従事者」が街に溢れている姿なのです。

一〇万人以上もの韓国人女性が現在、世界中で売春を行い問題になっています。二〇一一年六月二十七日、米国務省は、世界の人身売買の実態をまとめた年次報告で「韓国は売春女性の供給国であり最終目的地」と認定していました。

2011年5月17日、ソウルでの売春婦によるデモ風景

朝鮮人娼妓に救ひの自前制度
全鮮に魁け平壌で實施

平壌警察署では全鮮《せん》にさきがけて朝鮮人娼妓の自前制《せい》度を認め二十五日から實施《し》することになつた

これまで平壌賑町遊廓朝鮮人娼妓の抱主との契約は大正十三年からの年期契約制度で前借の最高は八百圓で年期の最長は五年であつて娼妓の稼ぎ高五年間にいくら少く見積つても五千圓である、この結果四千餘圓は抱主の不當所得となつてゐるといふ不合理なものであつて

そこで平壌署では協議の末この娼妓《ぎ》への嘆願が認されたもので、かねて平南道へ認可申請中のところ二十一日許可が下りいよく二十五日から實施《し》されることになつたものである

流行歌　第一位

『朝日新聞』朝鮮版（1940年6月25日）

朝鮮人娼婦の生活権に配慮していた警察署

この記事は、平壌警察署があくどい遊郭の経営者のピンハネを規制し、娼婦の生活を守るための法を平南道へ申請していたのが下り、晴れて施行できるようになったことを報じています。

これから掲載する朝鮮版『朝日新聞』を直接読んでいただければ、朝鮮半島統治時代の警察官など、公務員たちの倫理観が優れていたことが伝わってきます。

昭和八年、朝鮮半島の道議会議員の八一％は朝鮮人だった

一九三三年五月に朝鮮半島で行われた道議会議員選挙の当選者一覧です。見ての通り、八一％が朝鮮人で占められています。

たとえ朝鮮総督府の総統が日本人であっても、法律に基づいて地方行政を監視できる立場の議員の圧倒的多数が朝鮮人だったのです。

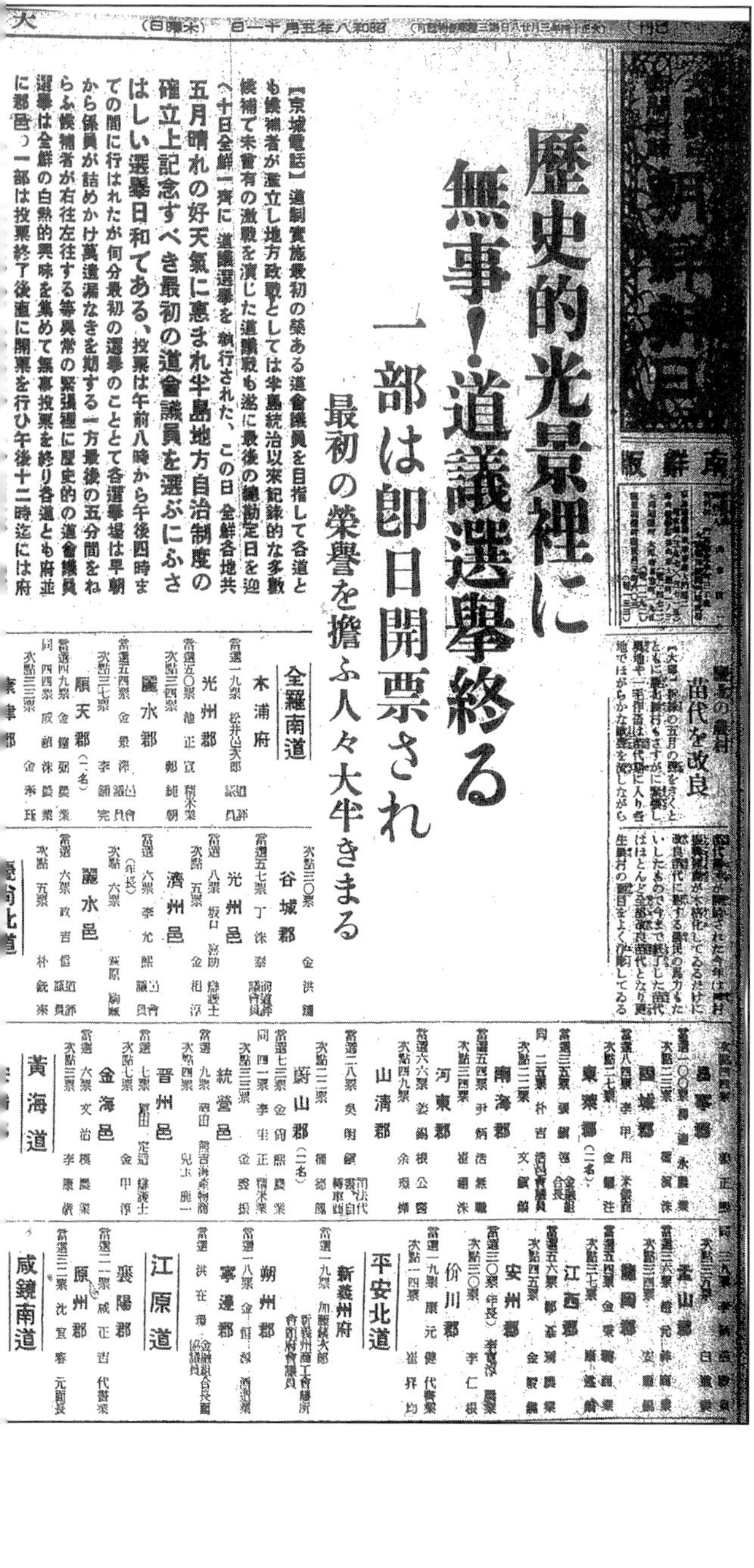

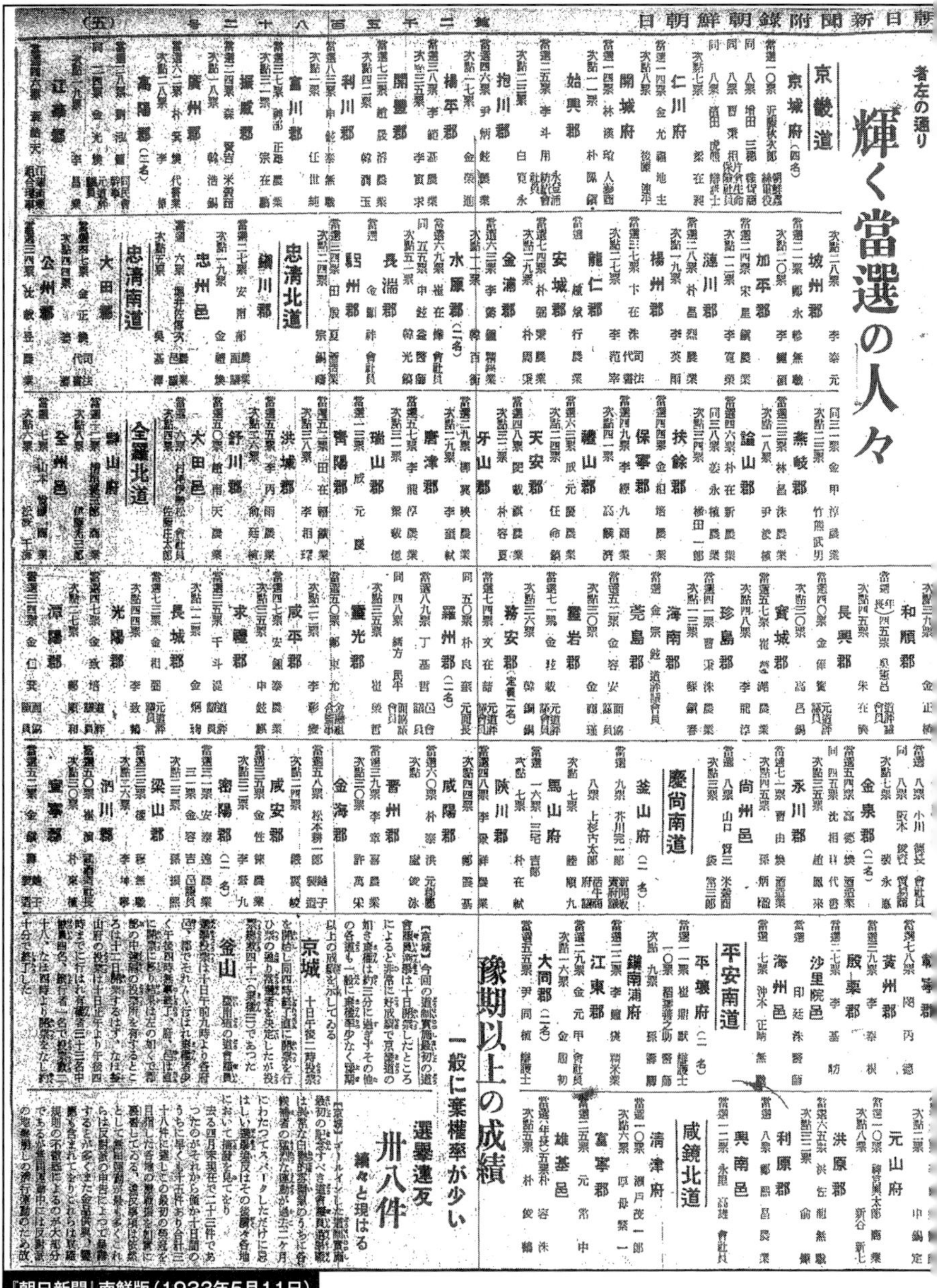
輝く當選の人々
左の通り
京畿道
京城府（四名）
忠清北道
忠清南道
全羅北道
慶尚南道
平安南道
咸鏡北道
豫期以上の成績
一般に棄權率が少い
選擧違反
卅八件
續々と現はる
京城
釜山

『朝日新聞』南鮮版（1933年5月11日）

胸襟開く南統治

虚心坦懐民の聲を聽く用意あり

安んじて文書で言ひたい事言へ

〝下意上達のコツ〟を通牒

南總督《そうとく》は朝鮮統治に關《かん》する陳情運動《ちんじやううんどう》の是《ぜ》正に關《かん》してかねてより考慮《かうりよ》をめぐらしてゐたが、二十二日各官廳に左の如く通牒《つうてう》を發した

陳情はこれを適切に處理して民意の暢達に資すること▲陳情は文書によるも面會を求めて陳情するもその效果に變りないから官民お互ひに時間と費用を節約する主旨で原則として文書によらしむること▲總督府に對する陳情は地方廳を經由すること、地方廳においては問題の眞相を究め意見を副申すること▲官公署職員の陳情員代表は避けること▲中央政府への陳情は現在の制度上實益なきもの多し、ゆゑにこの間の事理を説示し善導すること

右について總督《そうとく》府では鈴《すず》川文書課《しよか》長談《だん》の形《けい》式をもつて右の主旨《し》をつぎの如く發表《へう》した

陳情は民意の發露であるから爲政者は好意親切をもつてこれを遇し、地方の民意を聽かねばならぬ、特に朝鮮ではまだ訴願の範圍も狹く、行政裁判の制度もないから適切なる陳情は十分耳を藉さねばならぬ、しかし實現性なきもの或ひはその官廳事務の範圍に屬せぬ事項につき徒らに陳情をなすもの多く、または多人數官廳に出頭して面會を求むるなどのことは官民相互に時間と費用を空費し實益なく、むしろ弊害の方が多いので、今回陳情の是正、所謂善導を行ふことにしたのである

『朝日新聞』南鮮版（1937年3月23日）

道議立候補締切る 總數七百九十六名

ならびに實行團を表彰することになり目下選定を急いでゐる

鮮内の道會議員選擧戰は立候補屆出も三日締切られ十日の審議の日をあと三日後に控へいよく白熱化してゐるが、立候補者は京畿道の九十一名を筆頭にいづれも定員の二倍乃至三倍に上り、總數七百九十六名で定員二百八十三名に比し五百十三名の超過となつてゐる内鮮別に見ると内地人六十九名、朝鮮人七百二十七名となつてゐるなほ各道別の立候補者數は左の通りである

	內地人	朝鮮人	計	定員
京畿	一〇	八〇	九〇	二八
忠北	五	三九	四四	一四
忠南	七	四六	五三	一七
全北	五	四一	四六	二〇
全南	八	六七	七五	二九
慶北	一三	六八	八一	二四
慶南	五	五五	六〇	二九
黄海	六	五五	六一	二〇
平南	二	五二	五四	一六
平北	一	六九	七〇	二三
江原	〇	五四	五四	一三
咸南	四	四三	四七	二〇
咸北	四	三七	四一	一四
合計	六九	七二七	七九六	二八三

『朝日新聞』北鮮版（1941年5月7日）

道議会議員立候補者の内訳

この記事は、先の道議会議員当選者一覧の記事から八年後の記事です。前年には、創氏改名も実施されています。朝鮮人と内地人の内訳が出ていますが、立候補者は朝鮮人七百二十七名、内地人六十九名だったことがわかります。また、議員だけでなく知事・判事・検事・警察署長・警察官・教員・総督府の役人など、ありとあらゆるところに多くの朝鮮人が働いていました。

また市町村レベルの選挙も、総じて朝鮮人と日本人の当選者の比率は同じでした。

南総統は朝鮮人の声を真摯に聞いていた

筆者の先輩に、南総統時代にソウル中学を卒業された方がいました。

その先輩から、「白い朝鮮服を着て、馬にまたがった南総統の写真が新聞に載ったり、朝鮮人に日本式の「創氏」を許可したり、当時、朝鮮半島にいた日本人は創氏改名に反対していた」と聞きました。

記事を読むと、驚くほど朝鮮民衆の声に耳を傾けていたことが分かります。

それを物語るのは「氏の創設は自由 強制と誤解するな 総督から注意を促す」（一九四〇年三月六日）との朝鮮版『朝日新聞』の記事です。

貴婦人を装って誘拐していた朝鮮人

筆者は、大正四年（一九一五年）から昭和二十年（一九四五年）まで、拉致誘拐事件など「戦後日本人の犯罪」といわれつづけてきた記事を二年以上かけてすべて通読しましたが、拉致誘拐犯のすべては朝鮮人でした。

この記事でも、小娘二八名を誘拐した犯人は朝鮮人の女性だったことが報道されています。

ここから拉致誘拐記事を並べますので、直接読んでいただければ、当時の朝鮮半島の様子が目に浮かんでくることでしょう。

貴婦人裝ふ誘拐魔

男女四名を手下に使ひ

全鮮から小娘廿八名を誘拐

京城府内の周旋屋《しうせん》を轉《てん》々盥廻《たらひまは》しに誘拐《いうかい》した娘《むすめ》の周旋料《しうせんれう》を稼《かせ》いでゐた魔《ま》の手が鍾路署《しよ》に檢擧《けんきよ》され府内の周旋業者《しうせんげふしや》を續《ぞく》々召喚《せうくわん》取調《しら》べ中であるが首魁《しゆくわい》は慶尚北道《けいしやう》警城面李權植《りけんしよく》妻《つま》金福順《ふくじゆん》(五十三年)で

同人は夫を捨てゝ京城に出奔、美貌の同女は常に貴婦人を裝つて情夫大邱南山町李鎮玉(四十四年)ほか四名の男女を使つて昭和十年十二月三十一日大邱驛の待合室から連れ出した大邱生れ李斗順(當時十七年)ほか全鮮にわたり

小娘二十八名を誘拐

首魁《しゆくわい》自ら京城府内の周旋屋《しうせん》に出沒《ぼつ》小娘《むすめ》を盥廻《たらひまは》しに轉《てん》々して前記李《り》斗順《じゆん》ら最初《さいしよ》十五圓で黄金町某《ぼう》に賣《う》られた身《み》代金は二十四軒《けん》目の最後《さいご》の周旋屋《しうせん》で百五十圓に賣《う》られてゐた

『朝日新聞』南鮮版（1938年3月1日）

戦前の朝鮮半島で娼婦の衛生面にも気を使っていた警察官

きれい好きな日本人の特性がよく表れている記事です。日本が統治する前の朝鮮半島は、側溝に糞尿を垂れ流していて、臭くてたまらなかったそうです。我が国は、朝鮮半島を近代都市化するためのインフラ整備に尽力しました。

一九三八年十二月十一日付の『朝日新聞』西北鮮版に「平壌の臭気一掃愈糞尿地下タンク新設」の記事があります。幅四メートル、長さ六〇メートルのものを一〇個も新設したのです。

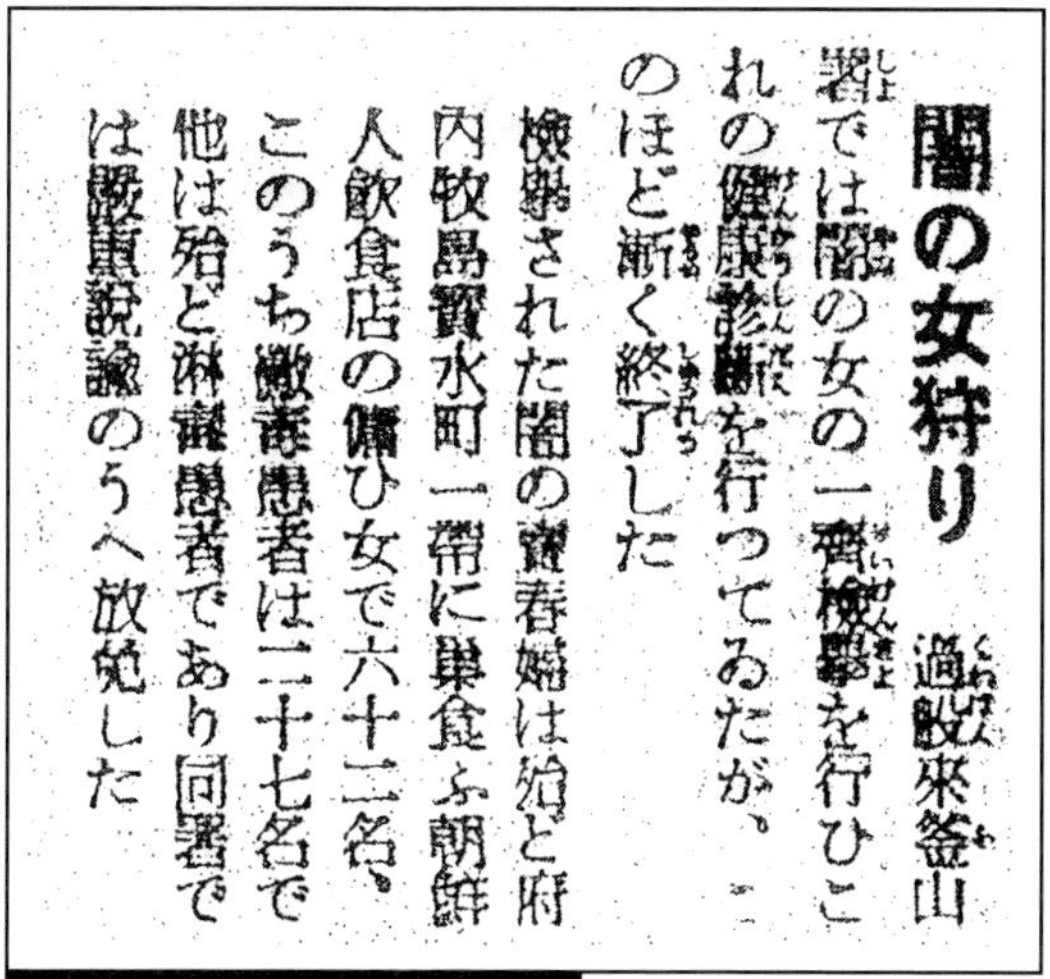

闇の女狩り

過般《くわはん》来釜《ふ》山署《しよ》では闇の女の一斉《せい》検挙《けんきよ》を行ひこれの健康診断《けんかうしんだん》を行ってゐたが、このほど漸《やうや》く終了《しうれう》した

検挙された闇の売春婦は殆ど府内牧島宝水町一帯に巣食ふ朝鮮人飲食店の傭ひ女で六十二名、このうち黴毒患者は二十七名で他は殆ど淋病患者であり同署では厳重説諭のうへ放免した

『朝日新聞』南鮮版（1938年3月2日）

現在、韓国では、二〇〇五年に「親日反民族行為者財産の国家帰属に関する特別法」が施行され、日本人が関わったものを排斥することを実施しています。かつて日本が朝鮮半島に五〇〇〇キロもの鉄道を整備したことで、それも廃止することを検討しているのか、興味のあるところです。

また現在、国際的な港になった釜山や日本人拉致の基地になっていた清津港などの近代化も、ことごとく日本が整備したのです。朝鮮半島に電車が走ったのは一九三八年でしたが、北海道に電車が走ったのは一九六八年でした。

戦後、韓国に残し資産の請求権は国際法上認められていましたが、一九六五年の日韓基本条約で、相互にすべての請求権を放棄して、国交を回復しました。いまさら慰安婦の賠償を要求してくるなど、言語道断なのです。

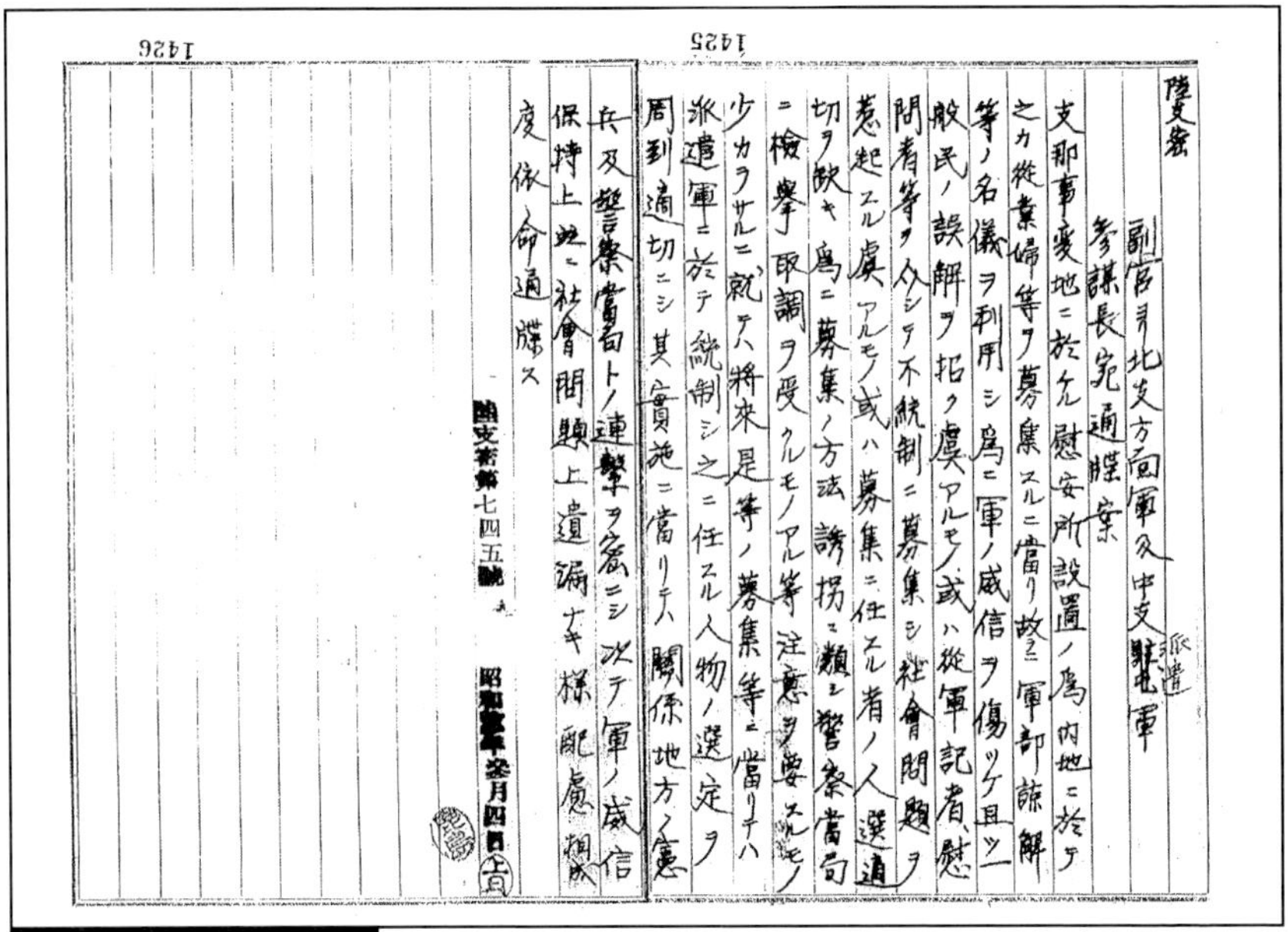
陸支密

副官ヨリ北支方面軍及中支派遣軍参謀長宛通牒案

支那事変地ニ於ケル慰安所設置ノ為内地ニ於テ之カ従業婦等ヲ募集スルニ當リ故ラニ軍部諒解等ノ名義ヲ利用シ為ニ軍ノ威信ヲ傷ツケ且ツ一般民ノ誤解ヲ招ク虞アルモノ或ハ従軍記者、慰問者等ヲ介シテ不統制ニ募集シ社會問題ヲ惹起スル虞アルモノ或ハ募集ニ任スル者ノ人選適切ヲ欠キ為ニ募集ノ方法誘拐ニ類シ警察當局ニ検挙取調ヲ受クルモノアル等注意ヲ要スルモノ少カラサルニ就テハ将来是等ノ募集等ニ當リテハ派遣軍ニ於テ統制シ之ニ任スル人物ノ選定ヲ周到適切ニシ其實施ニ當リテハ關係地方ノ憲兵及警察當局トノ連繋ヲ密ニシ次テ軍ノ威信保持上並ニ社會問題上遺漏ナキ様配慮相成度依命通牒ス

陸支密第七四五號　昭和十三年三月四日

陸軍省文書（1938年3月4日）

目的のために歴史史料を歪曲した『朝日新聞』

朝鮮版『朝日新聞』で、悪徳朝鮮人業者の犯罪を報じていた『朝日』は、一九九二年一月十一日の朝刊一面トップでこの「軍慰安所従業婦等募集ニ関スル件」を歪曲し、「募集含め統制」と、いかにも日本軍が慰安婦募集に直接関与していた証拠として取り上げていたのです。

見ての通り、事実は「……募集の方法誘拐に類し警察当局に検挙取調を受くるものある等注意を要す……社会問題上遺漏なき様配慮」せよ、というものでした。

日本軍の「良識的な関与」を、あたかも軍が「強制」に関与したかのように報じるテクニックは、白を黒と言いくるめる中国の常套手段そのものです。

最近、『朝日新聞』の若い記者と話す機会があるのですが、自社の過去の記事に批判的な人も出てきています。

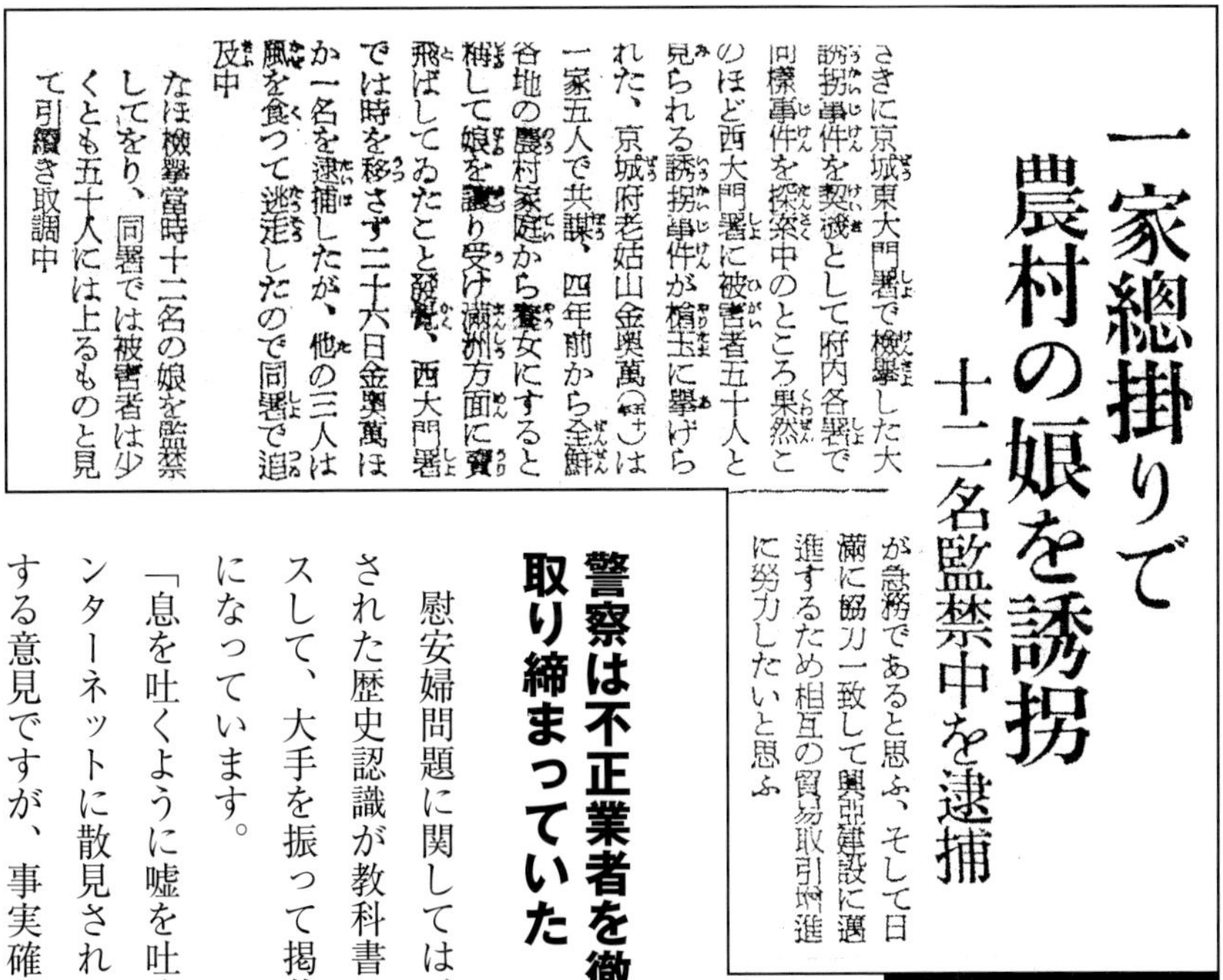

一家総掛りで農村の娘を誘拐
十二名監禁中を逮捕

さきに京城東大門署《しょ》で検挙《けんきょ》した大誘拐事件《いうかいじけん》を契機《けいき》として府内各署《しょ》で同様事件《じけん》を探索《たんさく》中のところ果然《くわぜん》このほど西大門署《しょ》に被害《ひがい》者五十人と見《み》られる誘拐事件《いうかいじけん》が槍玉《やりだま》に挙《あ》げられた、京城府老姑山金奥萬(四十)は一家五人で共謀、四年前から全鮮《ぜんせん》各地の農《のう》村家庭《てい》から養《やう》女にすると称して娘を譲り受《う》け満州《まんしう》方面《めん》に売《うり》飛《と》ばしてゐたこと発覚《かく》、西大門署《しょ》では時を移《うつ》さず二十六日金奥萬ほか一名を逮捕《たいほ》したが、他《た》の三人は風を食《く》つて逃走《たうそう》したので同署《しょ》で追《つゐ》及《きふ》中

なほ検挙当時十二名の娘を監禁してをり、同署では被害者は少くとも五十人には上るものと見て引續き取調中

が急務であると思ふ、そして日満に協力一致して興亜建設に邁進するため相互の貿易取引増進に努力したいと思ふ

『朝日新聞』南鮮版(1939年3月28日)

警察は不正業者を徹底的に取り締まっていた

慰安婦問題に関しては、いまや捏造された歴史認識が教科書の検定までパスして、大手を振って掲載されるようになっています。

「息を吐くように嘘を吐く」とは、インターネットに散見される韓国人に対する意見ですが、事実確認ができていない歴史認識を、教科書に載せている国は異常です。

この記事には続報があり、次のページに掲載してあります。

一〇〇人以上が誘拐され、中国や満洲方面に売り飛ばされていたとなると、韓国が声高に叫んでいる強制連行の犯人は皆、朝鮮人だったことになります。

在日韓国人や朝鮮人の方々にも読んでいただけるように、当時の『東亜日報』も掲載しました(一一八〜一二二ページ)。目を通して厳しく歴史と向き合っていただけることを願っております。

農村の娘に毒牙

巧みに誘拐しては賣飛ばす

恐るべき全貌判明

既報＝京城西大門署《しよ》で檢擧《けんきよ》した娘《むすめ》誘拐事件《いうかいじけん》はその後首魁《しゆくわい》金奥《あう》萬ならびに金方に監禁《かんきん》されてゐた十二名の娘《むすめ》につき取調《しらべ》を進《すゝ》めてゐるが、取調《しらべ》の進行《しん》につれて事件《じけん》はますます擴大《くわく》し北支、滿洲《まんしう》方面《めん》に賣飛《うりと》ばされた娘《むすめ》は百人を突破《とつぱ》すると見《み》られるに至り、府内各署《しよ》では最近《さいきん》相次ぐ誘拐事件《いうかいじけん》と照《せう》合して事件《じけん》を重大視《し》し、周旋業者《しうせんげふしや》らも嚴重《げん》監視《かんし》するとともに同様の犯罪摘發《はんざいてきはつ》に血《ち》眼となつてゐるが、たまたま事件《じけん》によつて描出された農村《のう》蒙昧《まうまい》と無智《ち》に係官《かゝりくわん》も今更啞然《いまさらあぜん》となり、社會問《もん》題《だい》としても一般《ぱん》に大きな示唆《じさ》を與《あた》へてゐる

被害者の大部分は今回に限らず大多數が南鮮地方の農村の娘で主として養女に貰受けると甘言を弄し委任狀を僞造し、中には無料で連れ出すなどの手口によつて無法な人身賣買が行はれてゐるもので、最近この種の行爲を職業とするもの激增してゐる事實も判明するに至り、取調當局では各道と聯絡これが對策を講ずることとなつた

『朝日新聞』南鮮版（1939年3月30日）

マスメディアにはびこる「報道しない自由」

ここまで通読された方は、『朝日新聞』を中心とするマスメディアの「報道しない自由」が、現実にあることに気づかれたと思います。とりわけ罪が重いのは、本書に掲載した記事を紙面で発表していたら日本の名誉を護《まも》れたにもかかわらず、だんまりを決め込み、よりによって『私の戦争犯罪　朝鮮人強制連行』（一九八三年）を事実の裏もとらず取り上げ、一九九二年一月二十三日付夕刊で著者の吉田清治氏をスターに祭り上げたことです。

誘拐犯罪の温床周旋業者にメス

京城で一齊調査行ふ

最近《さいきん》相ついで檢擧《けんきよ》された京城府《ふ》内の誘拐《いうかい》事件《じけん》に異《い》常なショックを受《う》けた各署《しよ》では惡《あく》人事《じ》周旋業《しうせんげふ》者を犯《はん》罪《ざい》の巣《す》と睨《にら》んで、それらの清掃《せいさう》を期《き》し糺《きう》明のメスを加へてゐるが、一般《はん》の善《ぜん》良な業《げふ》者もやゝもすれば金錢的《てき》な誘惑《いうわく》から犯罪《はんざい》と知《し》りつゝ人身賣買《ばいばい》の仲介《ちうかい》を行ふ傾向《けいかう》があるので、府内の周旋業《しうせんげふ》者に出頭《とう》を求《もと》め實情調査《じつじやうてうさ》を開始《かいし》し、府内各署《しよ》は各種《しゆ》人事《じ》業《げふ》者で賑《にぎ》つてゐる

警察當局では業者の自肅を要求するとともに弊害を重視して今後のこの種の營業申請に對しては許可せず、いかゞはしいものには對しては營業停止の嚴罰をもつて臨むことゝなつた

右につき某署《ばうしよ》長は語《かた》る

人事に關する商賣なので暗々裡に事が運ばれる場合が多く、從つて犯罪も多いのだが、常に個人の一身上の問題なので、われわれとしても手を着け難い場合が多い、一萬圓國防獻金するから營業を許可してくれといふのが飛出したが、これから見ても如何にぼろい商賣かといふことも分る、この際だから善いのも惡いのも徹底的に洗つて見るわけだ

『朝日新聞』南鮮版（1939年3月31日）

犯罪の温床を徹底的に改善していた警察

この記事は、拉致・誘拐事件を予防するため、警察が徹底的に調査していたことを報じています。

『朝日新聞』は、吉田清治氏を紹介する体裁をとり、一九九二年一月二十三日付夕刊「窓・論説委員室から」で「一つの村から三、十人と連行して警察の留置所にいれておき、予定の百人、二百人になれば下関へ運ぶ。女性達は陸軍の営庭で軍属の手に渡り前線へ送られた……」と、警察と日本軍がつるんで「慰安婦狩り」を実行していたと報道したのです。

この『朝日新聞』の記事がまったくの捏造だったにもかかわらず、『朝日』はいまだに謝罪をしていないのです。

ソウルの秘密クラブを摘発するきっかけは少女の告発だった

この記事で重要なところは、少女が警察を信頼して告発していたことです。

当時、このような少女も安心して警察に告発できる環境にあったことは、一〇二ページの「胸襟開く南統治 虚心坦懐民の声を聴く用意あり……」にある通りで、日本の統治が韓国社会によい影響を与えていたことが窺える記事です。

当時も現在と変わらない秘密クラブが、都会の闇に紛れてあったことは驚きです。『朝日新聞』の読者の方は、これらの犠牲者を救っていたのが、警察だったことに驚くと思います。

〝桃色の巣〟を衝く

聯絡係の娘に良心の目覚め

名士の假面を剝ぐ

十二日朝京城本町署に疲れ切つた朝鮮人少女が駆け込み泣きながら救ひを求めるので、事情を聞いて見ると、意外にもこの少女の背後に大規模の桃色の魔窟が存在してゐることが判明した、右の少女は京城府林町二百六番地崔明淑(一七)方雇女高蓮紅(廿七)で、昨年三月同家に女中として住込んだが、主人崔は女ながらもしたゝか者で、京城府内のデパートガール、看護婦、女事務員など素人娘十六名を巧に誘惑すると共に会社重役など一流人士に接近して自宅をアヂトに提供、右の女を彼らの桃色遊戯の相手に世話して彼等から世話料を取り、これが聯絡には前記の女中高を使用してゐたものである

その後聯絡係の高は成長すると共にこの醜悪な遊戯に不安を感じ逃走を企てたが、崔に発見されそれ以来夜昼を分たず撲る蹴るの虐待を受けつひに堪へかねて十二日本町署に救ひを求めたのである

同署では直に崔をはじめ一味を検挙、目下厳重取調中であるが、取調べの進展とともに京城の暗黒街の全貌が剔抉されるものと見られてゐる

『大阪朝日新聞』中鮮版（1939年5月13日）

朝鮮人の拉致誘拐犯は南洋方面にも女性たちを売り飛ばしていた

様々な朝鮮人による拉致誘拐犯の実態が分かる記事を提示してきましたが、これはちょっと趣《おもむき》が違います。

婦女誘拐の一味 遂に送局さる

元釜山府臨時雇らの首魁

官印偽造、公文書を偽造行使し多数の婦女子を誘拐した元釜山府廳臨時雇釜山府大倉町四丁目五十九番地金東潤(二七)ほか七十七名に係る公印偽造、公文書偽造行使詐欺誘拐事件は釜山署で取調中のところ今回取調終了、二十日一件記録とともに身柄を送局したが拘束者は金東潤ほか九名、起訴意見十一名、起訴猶豫五名、起訴中止六名不起訴五十五名である

被害婦人は二十八名に上り、このほか南洋方面に誘拐されたものも多数ある

『朝日新聞』南鮮版（1939年11月21日）

官印偽造や公文書を偽造し、行使までしていたのは、朝鮮人の拉致誘拐犯だったというものです。

この記事が掲載されていた紙面には「渡航証明書を偽造し不適巨利を博す 悪運つきて遂に捕へらる」との記述もあり、朝鮮人の犯罪が巧妙になりつつあることを報じています。

二十五名は歸る

匪賊に拉致された一團

十二日未《み》明咸《かん》北對岸《がん》大馬鹿《か》溝で匪《ひ》首金日成の率ゐる匪《ひ》團に拉致された百四十名のうち二十五名（内地人一名、朝鮮《せん》人十三名、滿人九名白系露人二名）は大馬鹿《か》溝本部より西北方五里《り》の一三三高地で露營し十三日午前六時釋放《しゃくほう》され、同十一時ごろ歸還した

釋放された人々の話によれば匪團は百五十名から成り、うち武裝した婦女子七、八名も交つてゐるとのことであるがこの國境治安緊迫のため部落民は避難して警戒中である

『朝日新聞』南鮮版（1940年3月15日）

金日成も日本人を拉致していた

いまだ日本に帰れない横田めぐみさんたちが北朝鮮に拉致・誘拐されたのは、金日成が権勢を振るっていた一九七〇年代です。朝鮮半島での「拉致誘拐」は、伝統的な犯罪かと思わせるような記事です。

この記事は、（「誘拐」ではなく）「拉致」という見出しの文言が目に飛び込んできました。

そして、内容を読み始めて二度ビックリ、何とあの金日成が一四〇名を拉致し、その中に日本人も入っていたのでした。

朝鮮半島では戦前から、外国人を拉致監禁することが常態化していたことを示すこの記事は、現代日本人が朝鮮半島を認識するうえで問題提起してくれる貴重な記事と判断し、掲載しました。

本書に掲載した拉致誘拐事件の記事は現在、韓国が問題にしている「慰安婦の強制連行」の時期である一九三〇年代から一九四五年八月までを問題にしていますので、その期間のものを「厳選」して掲載しました。

郷子ちやん歸る

誘拐犯人は意外朝鮮娘

京城府蓮池町警防《けいばう》團副《ふく》團長朴《ぼく》文基《き》氏の娘郷子ちやん（二つ）は三月二十八日何者かに誘拐《いうかい》され、東大門署《しよ》では極力捜査《さうさ》中であつたが、八日午後五時ごろ京畿《き》道廣州郡樂生面三坪里《り》李《り》敬其二女京玉（二十）を逮捕取調べた結果犯《はん》行の一切の自白し、郷子ちやんは京畿《き》道楊《よう》州郡九里《り》面鳳林里聖玉方に預《あづ》けられてゐたこともわかり、十二日ぶりに温かい父母の手へ無事に歸つた

犯人京玉は三月二十六日にも同京陽郡□□面馬場里金正潤二女□矢ちやん（□）を誘拐、府内杏□町飲食店金龍仙方へ二十圓で賣つたこともあり、引續き取調べ中であるが、この金で自分の性病を治療してゐたものである

『朝日新聞』中鮮版（1940年4月10日）

若い女性まで誘拐に手を染めていた

いままで業者の拉致誘拐事件を提示してきましたが、朝鮮版『朝日新聞』には、目を疑うような監禁事件も散見されます。

この記事は、若い女性の個人的動機からの犯罪ですが、オウム真理教と同じようなカルト宗教の犯罪も、戦前の朝鮮半島で勃発していました。

一九三九年四月一日付『朝日新聞』南鮮版には、「戦慄の『白々教』予審漸く終結」〈世界犯罪史上かつて見ざるべき残虐凶暴のかぎりをつくし三百九名の信者を殺害し、一世を震撼せしめた邪教白々教事件は母紙所報の通り三十一日予審終結、公判に回付された〉とあります。

このような宗教関係の拉致監禁事件の記事も朝鮮版『朝日新聞』には散見されますが、直接、慰安婦関係に関わるものでないので掲載しませんでした。

ただ拉致誘拐の観点から見ると、朝鮮半島の慣習が背景にあるように思えてなりません。

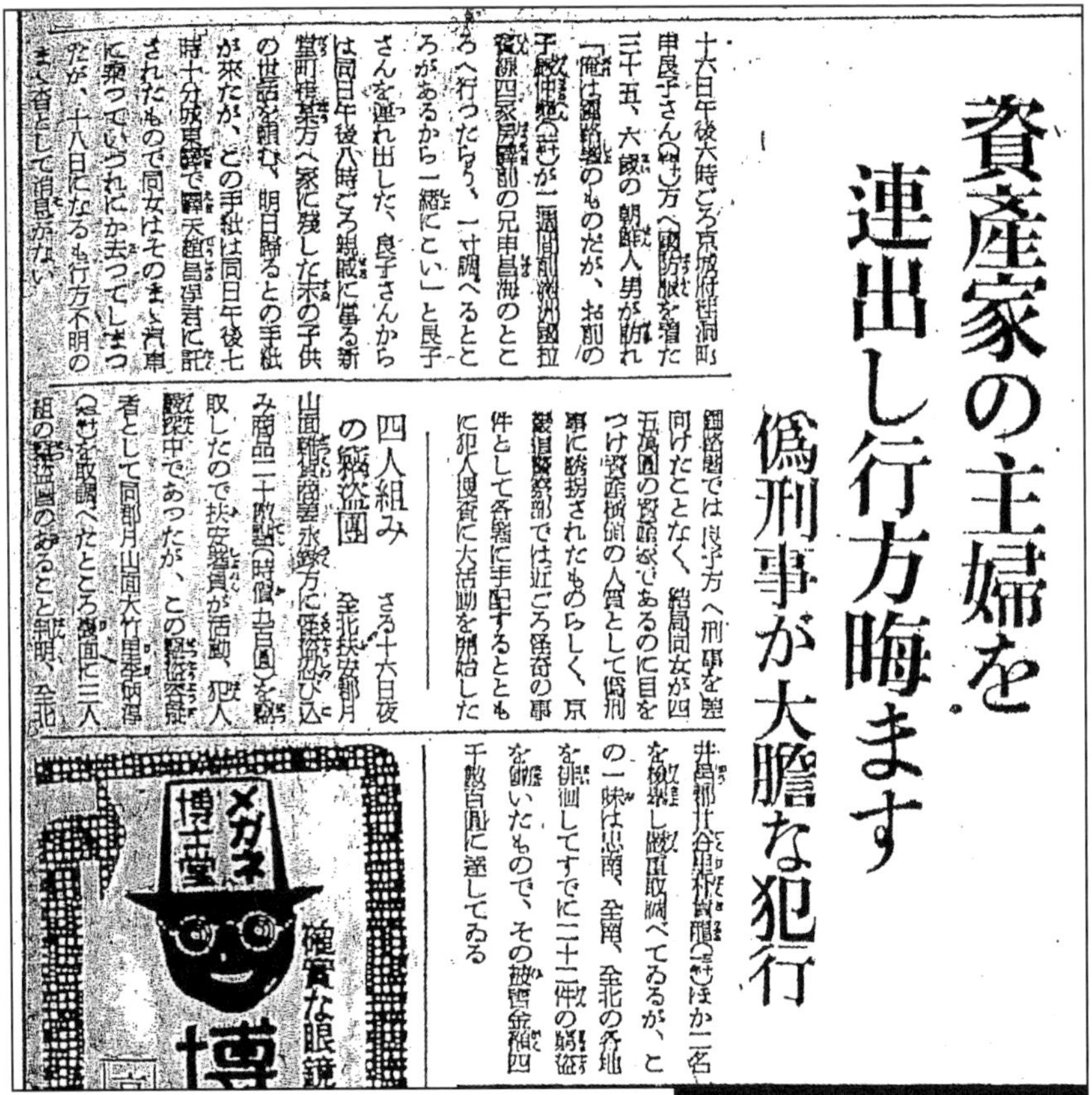

資産家の主婦を連出し行方晦ます
偽刑事が大膽な犯行

十六日午後六時ごろ京城府[illegible]洞町申良子さん(二十)方へ國防服を着た三十五、六歳の朝鮮人男が訪れ「俺は[illegible]のものだが、お前の子[illegible](二十)が一週間前[illegible]州[illegible]拉致[illegible]四[illegible]の兄申昌海のところへ行つたら、一寸調べるところがあるから一緒にこい」と良子さんを連れ出した、良子さんからは同日午後八時ごろ親戚に當る新堂町[illegible]方へ家に殘した末の子供の世話を頼む、明日歸るとの手紙が來たが、この手紙は同日午後七時十分京城驛で[illegible]天[illegible]昌[illegible]君に託されたもので同女はそのまゝ汽車に乗つていづれにか去つてしまつたが、十八日になるも行方不明のまゝ杳として消息がない

[illegible]署では良子方へ刑事を差向けたこともなく、結局同女が四五萬圓の資産家であるのに目をつけ資産横領の人質として偽刑事に誘拐されたものらしく、京畿道警察部では近ごろ怪奇の事件として各署に手配するとともに犯人捜査に大活動を開始した

四人組みの竊盜團

さる十六日夜全北扶安郡月山面[illegible]商[illegible]永[illegible]方に侵入忍び込み商品二十數點(時價五百圓)を竊取したので扶安署員が活動、犯人[illegible]中であつたが、この竊盜容疑者として同郡月山面大竹里[illegible](二十)を取調べたところ[illegible]面に三人組の竊盜團のあることが判明、全北井邑郡北[illegible]里[illegible](二十)ほか二名を檢擧し嚴重取調べてゐるが、この一味は忠南、全南、全北の各地を徘徊してすでに二十二件の竊盜を働いたもので、その被害金額四千數百圓に達してゐる

『朝日新聞』南鮮版（1940年5月21日）

拉致誘拐事件に偽刑事も現れる

朝鮮人慰安婦の証言には、「警官に連れて行かれ慰安婦にされた」などもありました。それらの証言は場所や日時が特定できない、いい加減なものがほとんどです。

ところが朝鮮人慰安婦の場合、「私は被害者だ」と開き直られると、普通の常識をもつほとんどの日本人は動揺して黙ってしまいます。

そのような日本人の弱点を承知で、証言まで捏造しているのでしょうが、この記事のような当時の朝鮮半島の実態を知識として持ち合わせていれば、必ずや嘘を見抜けるようになると思っています。

貧しい田舎娘が悪徳業者のターゲットに

悪徳業者に誘拐された以外にも、貧しさゆえ親によって娼妓として売られた実例は、我が国にもたくさんあったことですが、朝鮮人にもたくさんいたことが歴史からすっぽり消えてしまったのは、おかしな話です。

そのような実態を知らなければ、歴史の真相がわからなくなってしまいます。その実態は、米軍によるビルマ（ミャンマー）での尋問調書（一九四四年十月一日）に詳述されています。

それは、朝鮮人慰安婦二〇名と慰安所経営者二名から成り立っています。

冒頭に「慰安婦とは軍人のための売春婦」との解説からはじまり、〈彼女たちは民間業者の募集広告に応募し、二〇〇～三〇〇円の前払い報酬を受領し……駐屯地近くの町々に送られている。労働条件は「一人一部屋」「食事は経営者が用意」、そして将兵とともにスポーツをして楽しんだりピクニックや娯楽、夕食会に参加した。彼女らは蓄音機をもっており、町に買い物に出ることも許されていた…負債を弁償した慰安婦は、帰国することもできた……売り上げの五〇～六〇％は慰安所経営者が受け取っていた。……客を断る特権を与えられていた。……収入も当時の二等兵の月給七円五〇銭、軍曹が約三〇円の時代に平均一〇〇〇円近くの収入があった〉。これが戦場の慰安婦の実態だったのです。

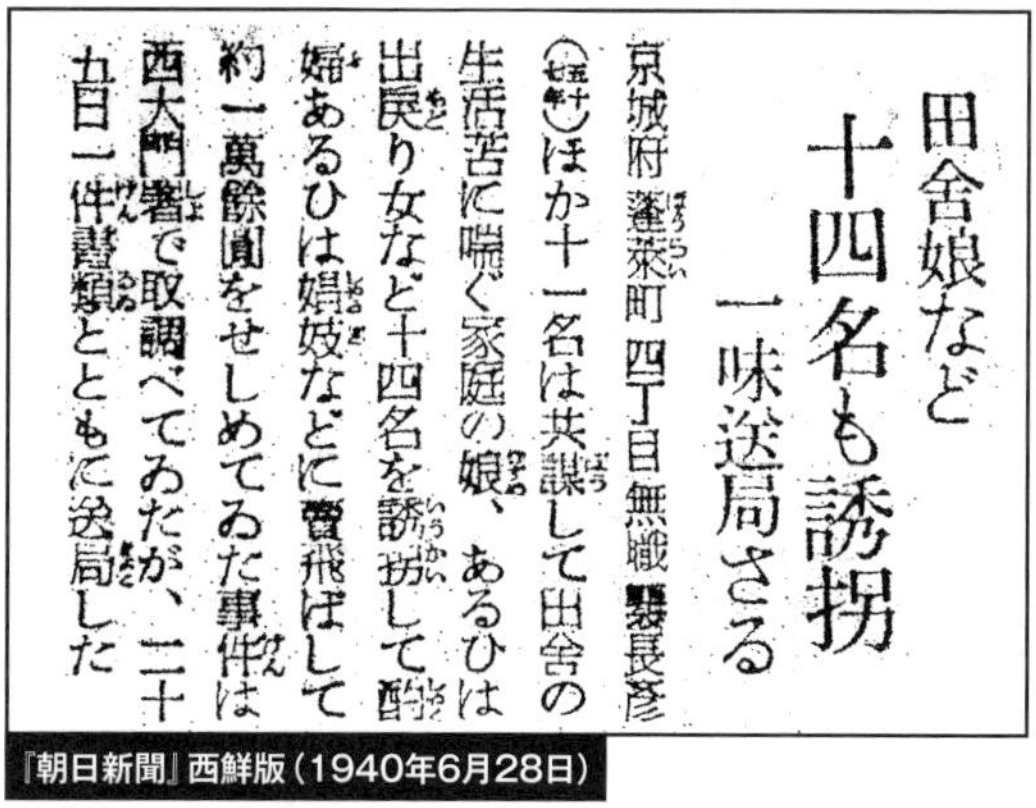

田舎娘など
十四名も誘拐
一味送局さる

京城府蓬萊《ほうらい》町四丁目無職裵長彦（五十七）ほか十一名は共謀《ぼう》して田舎の生活苦に喘ぐ家庭の娘《むすめ》、あるひは出戻《もど》り女など十四名を誘拐《いうかい》して酌《しゃく》婦《ふ》あるひは娼妓《しやうぎ》などに賣飛ばして約一萬餘圓をせしめてゐた事件《けん》は西大門署《しょ》で取調べてゐたが、二十五日一件書類《けんしょるい》とともに送局《きょく》した

『朝日新聞』西鮮版（1940年6月28日）

当時の治安状況が把握できる調査記事

朝鮮版『朝日新聞』の記事を通読して、当時治安に対する意識はいかなるものだったのか。その答えを出してくれるのがこの記事です。

路上での「喧嘩」や女子生徒に対する「話しかけ」を、被害としてカウントしていました。新宿や渋谷を若い女性が歩いていると、場所によっては一〇メートルごとに「ナンパ」（話しかけ）されている状況より、ずっとのどかな時代だったようです。

『朝日新聞』中鮮版（1940年8月6日）

中等學校生の被害が多い

女學生の外出に御注意

京畿道保導聯盟《めい》では京城府内に男子中等學生一萬八千八十八名、女子九千六百八十一名について昨年四月から本年三月までの盜難、誘拐その他の被害調査をしたが、このほど統《とう》計ができ上つた

これによると被害人員は男子千四百四十八名、女子二千五十八名の多きに上り男子は全體の八%、女子は約四分の一の二十四%となつてをり、當局者をびつくりさせた、この比率は大體東京と同じでその他の内地諸都市と比べると約倍近くも多い、このうち男子は盜難、その他金品に關するものが五十五%で喧嘩が十四%となつてゐる、女子は追尾や話掛けなどの誘惑的行爲をされたのが大部分で六十八%に達してゐる、被害の多い時間は放課後歸途につく午後三時から六時までゝ場所は路上が一番多い

保導聯盟では目下夏休中で最も誘惑《いうわく》の多い時期なのでこの數字を示して中學生の外出には特に氣をつけるやう、また學校がはじまればなるべく道草をせず眞直ぐ歸校をするやう注意を喚起することになつた

若者の精神性を破壊する教科書

「慰安所」は、あくまでも民間業者が軍隊に付随して運営していたものです。それを日本軍が設置と管理に関わったように記述した高校教科書は、百害あって一利もありません。それは皆様にも納得していただけると思います。

そもそも、なぜ軍隊につきものの「慰安」に関することで、歌手や劇団など様々あるなかで慰安婦だけを記述するのか。それは我が国の精神性を、時間をかけて内部から崩壊させようと策している深謀遠慮なのです。

「……日本の植民地や占領地では、朝鮮人や中国人・フィリピン人・ベトナム人・オランダ人など、多数の女性が『慰安婦』にかりだされた。慰安所は、中国・香港・シンガポール・オランダ領東インドから、日本の沖縄諸島・北海道・樺太などにまでおよんだ」（東京書籍『日本史A』）

「植民地や占領地では、日本軍も設置や監理に関与した慰安所に、朝鮮人を中心に、中国人・インドネシア人・フィリピン人・オランダ人などの多数の女性を、日本軍兵士の性の相手である慰安婦として動員した」（実教出版『日本史A』）

「……また、慰安婦として現地の慰安施設で働かされた女性たちもいた」（山川出版社『日本史A』）

「……また、朝鮮人を中心とした多くの女性が慰安婦として戦地に送られた」（第一学習社『日本史A』）

「……戦地に設置された『慰安施設』には、朝鮮・中国・フィリピンなどから女性が集められた（いわゆる従軍慰安婦）」（山川出版社『日本史B』）

このような教科書で教育された若者が、自分たちの国に誇りを持てる訳がありません。「戦地に送られた」などと、日本政府が強制的に送っていたような表現で言葉のマジックを使っているのは犯罪です。

民籍을僞造 醜業을強制

악마같은 유곽업자의 소행

犯人은警察에被逮

시내 서사헌정(西四軒町)一백七十八번지 오[redacted]환(吳[redacted]煥)이라는 자는 한남루(漢南樓)라는 상호를 가지고 창기 영업을 하든중 지난달 五일 경남산청(山淸)읍내에서 박[redacted]남(朴[redacted]南)이라는 十六세된 처녀를 三백五十원에 사다가

연령이 부족하야 영업을 할수 없음으로 박[redacted]남의 형되는 박순남(朴順南)의 민적을 등본하야다가 영업허가를 내이고 불려먹다

『東亜日報』（1933年5月5日）

ここから五ページは、韓国が「強制連行の期間中」と喧伝している『東亜日報』の記事を掲載しますので、ハングルを読める方は是非、一読して歴史の真相を見極めてください。

（翻訳）

戸籍を偽造

醜業を強制

悪魔のような遊郭業者の所業

犯人は警察に逮捕

市内の百四軒一七八番地に住む呉正渙という男が、漢南楼という称号で娼妓営業をしていた先月の五日、慶南（現在の慶尚南道）山清邑内で朴福南という十六歳の少女を三五〇ウォンで買ったとされる事件で、呉は少女が営業可能な年齢に達していないことを知り、朴福南の姉・朴順南の戸籍を利用して営業許可を取って働かせていたことが、所管の本町署の厳重な取り調べによって明らかになった。

この呉正渙は、娼妓業を営みながら多数の幼い少女を買うなど前述のような犯行を行なっていたと見て、今後、公文書偽造などの罪で厳重処罰する方針である。

路上에서少女掠取
醜業中人에賣渡
◇金神通 팔아먹은 男女檢擧
判明된誘引魔手段

우빈해(于濱海)(三五)에게 참살된 김덕운(金德雲)의 딸 신통(神通)(〇)이를 유인한 범인은 작二十八일밤 十시경에 피경 종로서 사법경사대의 손에 잡혔엇다. 범인은 일정한 주소가 없이 떠돌아다니는 박명동(朴命同)(三七)(假名)과 남편과 자녀까지 잇는 이성녀(李姓女)(四一)(假名)등의 두 명으로 그들은 모두 길가의 소녀들을 전문으로 유인하여 중국인들에게 팔아먹는 약취유괴(掠取誘拐)의 전과자다.

전기 박명동은 부내 황금정(黃金町)一정목 방면에서 이성녀는 부외 공덕리(孔德里)방면에서 각각 체포되어 목하 엄중한 취조를 받는 중인데 신통이를 유인한 경로는 신통이가 실종이 되든 금년 五월 十九일에 범인 박명동이가 길가에서 노는 그를 약취하야다가 전기 이성녀에게 넘기엇다.

유인한 소녀 매매의 상습자인 이성녀는 전기 박명동과 공모하고 동월 十二일에 평소에 면식이 잇든 금번 소녀 참살 사건의 범인 우빈해에게 일금 二十원을 받고 팔어 버렷든 것이라 한다.

『東亜日報』(1933年6月30日)

(翻訳)
路上で少女を略取
醜業中に売り渡す
金神通を売り飛ばした男女検挙
判明した誘拐魔の手口

于濱海(三十五)に惨殺された金徳雲の娘、神通を誘拐した犯人が昨日二十八日の夜十時頃、とうとう鍾路署(ソウル市内)の司法刑事隊に捕まった。犯人は、住所不定で流浪する朴命同(三十七、仮名)と夫と子供のいる李姓女(四十一、仮名)の二人で、彼らは路上で少女たちを専門に誘拐を繰り返し、中国人らに売り飛ばした略取誘拐の前科者だった。

朴命同は府内の黄金町一丁目方面で、李姓女は府内の孔徳里方面でそれぞれ逮捕され、現在厳重な取り調べを受けている。神通を誘拐した手口は、神通が失踪した今年5月19日に犯人の朴命同が道で遊んでいる彼女を略取し、李姓女に渡したものであった。

誘拐した少女を常習的に売買していた李姓女は朴命同と共謀し、同月12日に普段からの知り合いである今回の少女惨殺事件の犯人・于濱海に二〇ウォンで売ったという。

春窮을노리는惡魔！
農村에人肉商跳梁
就職의甘餌로處女等을誘出
烏山서도一名이被捉

금산군 금산면 상옥리(錦山郡錦山面 上玉里)一八양경순(楊敬順)(四三)(假名)은 금산군 금산면 상리(錦山郡 錦山面 上里)공■숙(孔■淑)(四七)이가 무식한것을 이용하야 그의딸공■이(孔■伊)(一八

『東亜日報』（1936年3月15日）

（翻訳）
春窮（蓄えがなくなる春）を狙った悪魔　農村に人肉商跳梁　就職の甘言で少女を誘拐　鳥山（ソウル近郊の町）でも一人が被害　錦山郡錦山面上玉里一八の楊敬順（四十三、仮名）は、錦山郡錦山面上の孔花淑（四十七）が無知であることを利用して、その娘孔連伊（十八）……

『東亜日報』：日本統治中の衝撃的な記事

中国には食人風俗の風習があったことは、中国の古典が伝えるところですが、朝鮮でもこの記事のようなことが、日本が統治する以前の文献に書かれていることは知っていても、昭和十一年の新聞で報道されていたことは、見る者にとって衝撃的な記事です。

『東亜日報』：良家の少女を誘拐して満洲に売り飛ばす寸前に逮捕

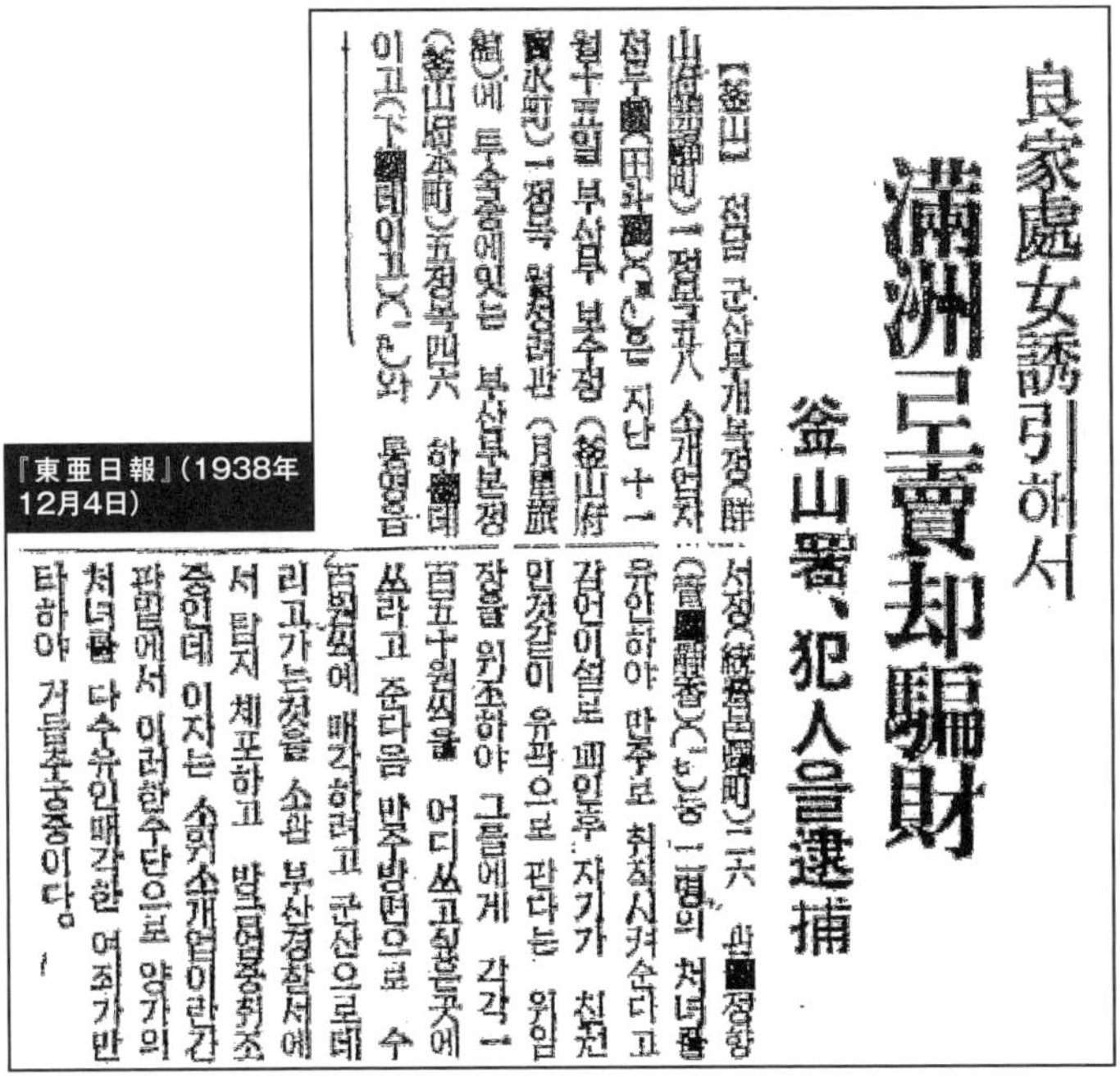
良家處女誘引해서
滿洲로賣却騙財
釜山署、犯人을逮捕

『東亜日報』（1938年12月4日）

同じようなことが朝鮮版『朝日新聞』にもありましたが、これは別の事件です。

当時、このような事件が朝鮮半島で頻発していましたが、多く国民の知るところになれば、慰安婦問題は自然消滅していきます。その目的を達成するために、本書を企画しました。皆様のご協力をよろしくお願いいたします。

（翻訳）
良家少女を誘拐して
満洲に売り飛ばし金儲け
釜山署、犯人を逮捕

【釜山】全南郡山府開福町一丁目五八の紹介業者田斗漢（五八）は、去る十一月十五日釜山府宝永町一丁目の月星旅館で投宿していた釜山五丁目四六下村貞子（十九）と統営邑曙町二六の菅原静香（十七）の二人の少女に満洲での就職をもちかけて誘拐し、自分に親権があるかのように遊郭に売るとして委任状を偽造した。彼女らにはそれぞれ一五〇ウォンを渡し、満洲方面には数百ウォンで売り飛ばす計画で群山に連れ出すところを所管の釜山警察署が探知して逮捕し、現在厳重な取り調べを受けている。この男は、いわゆる紹介業という看板の下このような手口で良家の少女を多数誘拐売却した余罪が多いと見て追及をしている。

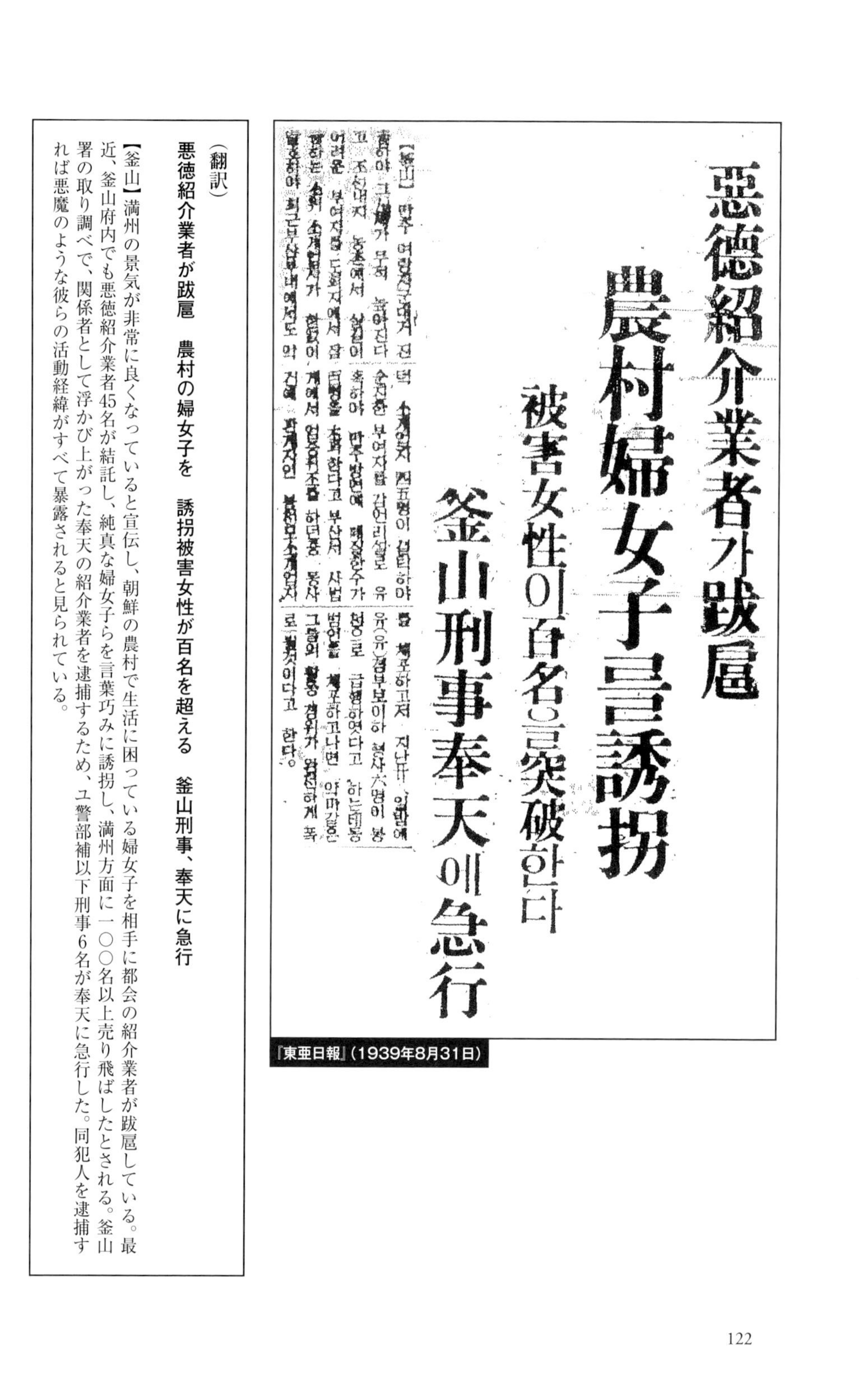

惡德紹介業者가跋扈

農村婦女子를誘拐

被害女性이百名을突破한다

釜山刑事奉天에急行

【釜山】만주 [illegible] 紹介業者 四五명이 결탁하야 [illegible] 체포하고저 지난 [illegible]
[illegible] 그 婦女子가 무척 [illegible] 순진한 부녀자를 감언리설로 유유(유)경부보이하 형사六명이 봉
고 조선내지 농촌에서 [illegible] 만주방면에 [illegible] 방면으로 급행하엿다고 하는데 동
어려운 부녀자를 도회지에서 [illegible] 부산서 사법 [illegible] 체포하고나면 악마가튼
[illegible] 紹介業者가 [illegible] 하던 동사 그들의 활동 경위가 [illegible] 폭
[illegible] 최근부산부내에서도 와 [illegible] 로 [illegible] 이라고 한다。

『東亜日報』(1939年8月31日)

（翻訳）

悪徳紹介業者が跋扈　農村の婦女子を　誘拐被害女性が百名を超える　釜山刑事、奉天に急行

【釜山】満州の景気が非常に良くなっていると宣伝し、朝鮮の農村で生活に困っている婦女子を相手に都会の紹介業者が跋扈している。最近、釜山府内でも悪徳紹介業者45名が結託し、純真な婦女子らを言葉巧みに誘拐し、満州方面に一〇〇名以上売り飛ばしたとされる。釜山署の取り調べで、関係者として浮かび上がった奉天の紹介業者を逮捕するため、ユ警部補以下刑事6名が奉天に急行した。同犯人を逮捕すれば悪魔のような彼らの活動経緯がすべて暴露されると見られている。

「慰安婦問題」を乗り越えなければ日本精神は消滅してしまう

「慰安婦問題」を、一九九二年の『朝日新聞』の記事とソウル日本大使館前の慰安婦デモが水面下で連動した遠大な国際謀略と解釈すると、この二十年間、坂道を転げ落ちるように「日本精神」が溶け出したことと符合しています。

日本精神を消滅させないための方策は、さほど難しいことではありません。それは、日本人が冷静沈着に自らの歴史を、是々非々で探求することに他なりません。

韓国が要求する「慰安婦問題」は、時代とともに変遷しており、我が国からの支援目的以外に、我が国を踏み台にして世界での存在感を勝ち取るための道具の役割も与えられたことが、最近の米国の活動に表れています。

これはまさに「情報戦」そのものになっています。

韓国は「慰安婦の被害を立証できないのは日本のせい」と息巻いていますが、実際に被害がないものを立証できるわけがありません。

本書に掲載した『東亜日報』の記事だけで、朝鮮半島における拉致誘拐は朝鮮人の犯罪だったことが明らかです。

朝鮮半島の日常を、大正四年（一九一五年）から昭和二十年（一九四五年）までの朝鮮版『朝日新聞』で確認した者として断言できるのは、「慰安婦」の強制連行などありえない、ということです。

確信をもって断言できるのは、現在の眼鏡から、それぞれの時代の眼鏡に変えて歴史を見ることができるようになったからです。

それを可能せしめるには、当時の新聞を昨日の新聞のように読み、感情移入することです。

皆様方にも当時の新聞を直接読んでいただき、同じ感動を共有していただければ、との思いで史料をまとめて掲載させていただきました。

『朝日新聞』四十年間の「宿痾」

我が国に蔓延している閉塞感の根元的な要因は、国民が『朝日新聞』に「クオリティ・ペーパー」としての信頼を寄せていることから派生しています。

国民は『朝日新聞』を、戦前・戦後・現在まで同じ新聞社だと見ていると思います。ここに、我が国が不幸になった遠因があるのです。

『朝日ジャーナル』(1971年3月19日号)表紙

『朝日新聞』では、GHQ占領下の一九四五年十一月に、オーナーの村山長挙社長と幹部全員が一緒に退任しましたが、一九五一年に村山氏は会長として復帰しました。

それが一九六八年、朝日新聞社内で勃発した組合側のクーデターによって、村山長挙氏は退任させられ、明治以来の伝統はここでついえたのです。

村山氏のあとを引き継いだ広岡知男氏は一九七〇年三月、朝日新聞社の株主総会をすっぽかし、日中覚書貿易交渉日本側代表の一員として一カ月間、中国に滞在していました。

そして帰国後、広岡知男社長は朝日新聞社の幹部を前に、「中国文化大革命という歴史の証人として、我が社だけでも踏みとどまるべきである。そのためには向こうのデメリットな部分が多少あっても目をつぶって、メリットのある部分を書くこともやむ得ない」(『朝日新聞血風録』稲垣武著)と訓示を述べていたのです。

そのときの訓示から現在まで終始一貫した、朝日新聞社の基本的な姿勢が、「朝日の知性」を代表していた『朝日ジャーナル』（一九七一年三月十九日号）に宣言してありました。

『朝日ジャーナル』「櫻画報」（1971年3月19日号）

朝日は赤くなければ朝日ではないのだ。


余談ですが、当時『朝日ジャーナル』は、男子学生が内容を理解できなくとも小脇にかかえているだけで女子学生にもてると云われていた「インテリ雑誌」だったのです。

その宣言とは、「朝日は赤くなければ朝日ではないのだ」「アカイ　アカイ　アサヒ　アサヒ……サァ行くゾ」とあり、ページをめくると「サテ今度は……ドコを乗取ろうかナ？」と、『朝日新聞』のこの四十年間の悪行を見事に表現しているのです。

当時、芸術の香りが漂う表紙だった『朝日ジャーナル』が突然、写真のような猥褻雑誌に変わったことに驚いたものですが、当時は「この号だけの冗談か」と思っていました。

しかしその後、「アカイ　アサヒ」の宣言通り、同年八月から本紙で「中国の旅」の連載がはじまり、戦後忘れられていた「南京大虐殺」に火をつけ、一九九二年には「慰安婦問題」にも火をつけたり「靖国神社公式参拝問題」や「遺棄化学兵器問題」など、日中・日韓の政治問題の火つけ役として「活躍」していたのはこの新聞でした。

そして『朝日ジャーナル』の表紙が示した通り、日本はコンビニで猥褻雑誌が普通に売られる社会に変貌したのです。

この変貌を予言していた方がいました。

その方は、『朝日新聞』創立者の一人娘・村山藤子さんです。

村山藤子さんは、『朝日新聞』が狂ったように中国を擁護した連載「中国の旅」の終了後、「私は、新・朝日新聞というのがつくれたら、一番いいだろうなと思うんですけどネ。（笑）父のやっていた昔の、ほんとの朝日新聞に戻したいんです」と『週刊サンケイ』（一九七二年一月二十一日号）のインタビューに答えています。

『朝日新聞』創立者の娘さんに『朝日新聞』は偽物、と批判されていた通り、『朝日』はこの四十年間ただひたすら、我が国を「アカイ　アカイ」社会に作り替えようと邁進してきました。その結果が今の日本です。

本書は、この四十年間の「宿痾」を巻き戻す手助けとして企画されたものです。

（了）

今、我が国は崖っぷちに立っている状況ですが、これに危機感を抱かれている方々が、筆者のブログ（水間条項）を訪れ、国内外四八カ国から毎日一万名を超えるようになっております。

今まで何度となく、国家の基本法である法律が改悪されそうになったとき、ブログをご訪問くださっている皆様が、インターネットで爆発的な阻止抗議行動を実行し、様々な結果を残しています。マスメディアなにするものぞ、と思えるほどの国際的なネットワークになっています。

『水間条項』には、我が国の美しい自然と伝統文化を末永く残すために協力できる同志の方々が、たくさん集っています。時間のあるときにでも覗いていただき、我が国を護るネットワークがより巨大になればと切に願っております。

ブログ名：水間条項

ブログ・アドレス：http://mizumajyoukou.blog57.fc2.com/

あとがき

今年は日中国交回復四十周年にあたります。

日中間の積み残した荷物に対して「春一番」（南京の真実をめぐる発言）が名古屋（河村たかし市長）から吹き、四月にはワシントンから「尖閣購入（石原慎太郎都知事）」の嬉しい便りが届けられ、日本中が尖閣の話題一色になっておりました。

これら二つの懸案は、現在の政治不信を象徴するかのようにくすぶり続けてきましたが、石原慎太郎東京都知事の決断と行動力で、一気に我が国の閉塞感もまとめて吹き飛ぶ状況になりつつあります。

これらの状況を踏まえ、緊急に企画したのが本書です。これに先立って考えていたことは、なぜ、革新左翼の弱体化と歩調を合わせるように保守派も弱体化してしまったのか、との自問でした。

そこで出した答えは、それぞれが自分本位で行動していたことに根本的な原因があったことを反省し、発想を転換する必要があるというものでした。

ある地方のお医者さんから、発想を転換する上でのヒントをいただきました。それは「『南京の実相』を病院の待合室に置こうと手に入れたのですが、もう少し誰にでも分かるようにしたものが欲しいです」とのメールでした。それをきっかけに考えた結果、「読む」ことと「見る」ことを逆転させた本をつくれたら、誰にでも分かるものになるとの確信を得ました。このような、難しい企画を受け入れていただいたＰＨＰ研究所の白地利成氏には、この場をお借りして深甚の謝意を表する次第です。

また、本書を出版するにあたって阿羅健一氏、故佐藤振寿氏、佐藤忠士氏、高花豊氏、森本町子氏には、資料集め整理など、大変お世話になったことにあらためて感謝とお礼を申し上げさせていただきます。

〈著者紹介〉

水間政憲（みずま　まさのり）
近現代史研究家・ジャーナリスト

1950年、北海道生まれ。慶應義塾大学法学部政治学科中退。近現代史（ＧＨＱ占領下の政治・文化）の捏造史観に焦点を絞り、テレビ・新聞報道の反証を一次史料に基づき調査研究する。『正論』（2006年6月号）に「スクープ“遺棄化学兵器”は中国に引き渡されていた」（第１弾）を発表。その後、第１０弾まで寄稿し、戸井田徹衆議院議員（当時）などとの連携により、国会で中国や外務省の矛盾点を追及する。著書に『朝日新聞が報道した「日韓併合」の真実』（徳間書店）、『いまこそ日本人が知っておくべき「領土問題」の真実』『「反日」包囲網の正体』（以上、ＰＨＰ研究所）などがある。

装丁　印牧真和

ひと目でわかる日韓・日中 歴史の真実

2012年 7月25日　第1版第1刷発行
2012年10月31日　第1版第7刷発行

著　者　水　間　政　憲
発行者　小　林　成　彦
発行所　株式会社ＰＨＰ研究所
東京本部　〒102-8331　千代田区一番町21
書籍第一部　☎03-3239-6221(編集)
普及一部　☎03-3239-6233(販売)
京都本部　〒601-8411　京都市南区西九条北ノ内町11
PHP INTERFACE　http://www.php.co.jp/

組　版　有限会社エヴリ・シンク
印刷所
製本所　図書印刷株式会社

ISBN978-4-569-80686-0